Aanslag op de vrijheid

ILIJA TROJANOW & JULI ZEH

Aanslag op de vrijheid

De veiligheidswaan, de controlestaat
en de aantasting van de burgerrechten

Vertaald uit het Duits door Hilde Keteleer

DE GEUS

De vertaling van dit boek is mede tot stand gekomen dankzij een subsidie
van het Goethe-Institut, dat wordt gefinancierd door het
Duitse ministerie van Buitenlandse Zaken

De vertaalster ontving voor deze vertaling een werkbeurs van het
Vlaams Fonds voor de Letteren

Oorspronkelijke titel *Angriff auf die Freiheit: Sicherheitswahn,
Überwachungsstaat und der Abbau bürgerlicher Rechte*, verschenen bij
Carl Hanser Verlag
Oorspronkelijke tekst © Carl Hanser Verlag, München 2009
Nederlandse vertaling © Hilde Keteleer en De Geus bv, Breda 2010
Omslagontwerp Peter-Andreas Hassiepen © Carl Hanser Verlag 2009
Omslagillustratie © Imago

Dit boek is gedrukt op FSC-gecertificeerd papier

ISBN 978 90 445 1606 7
NUR 320

Niets uit deze uitgave mag verveelvoudigd en/of openbaar gemaakt
worden door middel van druk, fotokopie, microfilm of op welke
wijze dan ook, zonder voorafgaande schriftelijke toestemming van
De Geus bv, Postbus 1878, 4801 bw Breda, Nederland.
Telefoon: 076 522 8151. Internet: www.degeus.nl.

Juli Zeh en Ilija Trojanow danken Kristina Hansen
van harte voor de voortreffelijke research.

Inhoud

Voorwoord Charles den Tex — 7

Het einde van de vrijheid — 11

Eerste hoofdstuk: weg uit die pan! — 15
Tweede hoofdstuk: de lange weg naar het grondrecht — 21
Derde hoofdstuk: sprookje van degenen die eropuit
   trokken om het griezelen aan te leren — 32
Vierde hoofdstuk: weet u het zeker? — 44
Vijfde hoofdstuk: wetten die kant noch wal raken — 50
Zesde hoofdstuk: wie kan in de toekomst kijken? — 61
Zevende hoofdstuk: waarom accepteren we dit? — 68
Achtste hoofdstuk: *angst sells* — 75
Negende hoofdstuk: want ze weten niet wat ze doen — 83
Tiende hoofdstuk: vernietig de vijand — 97
Elfde hoofdstuk: waar is dat alles goed voor?
   Of: video-opnamen bevestigen de regel — 107

Epiloog: onvrije vooruitzichten — 117

Noten — 125

Citaatverantwoording — 157

Voorwoord

'Ik ben van de school die veiligheid stelt boven privacy.' Dat zei mevrouw G. ter Horst nog geen twee weken nadat ze was afgetreden als minister van Binnenlandse Zaken. Ze zei het vol overtuiging, op die twijfelloze manier waar ze bekend om staat. Het was geen toevallige gedachte of mogelijkheid die ze in overweging wilde nemen, nee, het was een definitieve keuze. Het was de onherroepelijke positie van de macht. Macht die zij niet eens meer had op het moment dat ze haar uitspraak deed.

Veiligheid. Daar staat het.

De veiligheid van land en volk. Het is de nieuwe waarheid. De ex-minister van Binnenlandse Zaken stelde onomwonden dat de vrijheid van het individu en zijn privacy ondergeschikt zijn aan de veiligheid, en er was niemand – geen minister, geen parlementslid, geen journalist en geen schrijver – die de ex-minister ter verantwoording riep. Die erop wees dat de ex-minister met een dergelijke instelling misschien zelf een gevaar voor de samenleving was geworden.

Veiligheid is onbegrensd. Privacy niet. Wie kiest voor veiligheid, kiest voor een streven zonder einde. Veiligheid is geen ideaal, het is een rechtvaardiging voor te voeren beleid. Het is een rechtvaardiging waar niemand tegen kan zijn. Tegen *mag* zijn. Wie veiligheid als reden afwijst, is kennelijk niet voor veiligheid en is *dus* tegen veiligheid en is *dus* voor terroristen en is *dus* gek.

Dank u.

Waar deze redeneertrant precies vandaan komt, weet ik niet, maar mensen zijn er gek op. George W. Bush gebruikte hem graag en Geert Wilders vaart er wel bij. Van die mensen verwachten wij het ook en wanneer ze er gebruik van maken schudden anderen meewarig het hoofd.

Ten onrechte. Want de hele politieke klasse, de hele politiemacht, de hele legermacht en de mediamacht bedienen zich van hetzelfde principe: wie niet *voor* veiligheid kiest, kiest kennelijk *tegen* veiligheid en is daarmee verdacht.

Maar loopt onze veiligheid dan zo'n gevaar? Waartegen moeten we onze veiligheid beschermen? Tegen terroristische aanslagen? In 2001, het jaar van de aanslag op de Twin Towers in New York, vielen er in Amerika 115 verkeersdoden per uur. Dat is meer dan 40.000 doden in dat ene jaar. Dat is meer dan tien keer zo veel als door die aanslagen. En dat gebeurt ieder jaar. In 2001 overleden in de Verenigde Staten ongeveer 20.000 mensen door schotwonden. Ook dat aantal halen ze elk jaar. Wat is eigenlijk het verschil, behalve dat de dreiging van terreur in het niet valt bij andere dreigingen? Voor Nederland pakt die vergelijking nog veel ongunstiger uit voor de terroristen, want bij ons zijn helemaal geen aanslagen. Nul.

Het doet denken aan die oude grap. In een trein zitten twee mannen tegenover elkaar. De ene man heeft in elk van zijn oren een banaan. Hij zit rustig voor zich uit te kijken.

Na een tijdje houdt de andere man het niet meer. Hij gebaart dat de eerste de bananen uit zijn oren moet halen zodat hij hem kan horen.

'Mag ik u iets vragen?' zegt hij. 'Waarom hebt u bananen in uw oren?'

'Dat is tegen de tijgers', zegt de eerste man.

'Tegen de tijgers? Maar er zijn hier helemaal geen tijgers!'

'Dan ziet u hoe goed het werkt.'

'De dreiging van' is een amorf begrip, het is niet concreet te maken. Er is altijd wel een dreiging, Joost mag weten waar. De vraag is niet *waar* die dreiging dan is of *wat* de dreiging is. De vraag is of wij er beter van worden door ons te willen beschermen tegen zulke vage zaken. Moeten wij ons beschermen tegen de islam? Moet daarvoor de privacy van de burger steeds verder worden afgebroken? Volgens de ex-minister wel. En waarom? Om ons te beschermen tegen hoofddoekjes en minaretten? Of

moeten wij worden beschermd tegen criminele jongeren en gangs? Waarom moet ik in Amsterdam het kenteken van mijn auto in de parkeermeter invoeren als ik ergens een paar uur wil parkeren? Waarom moet ergens in een centraal bestand worden opgeslagen dat ik, Charles den Tex, van 19.05 uur tot 21.00 uur op zaterdag 27 maart 2010 mijn auto heb geparkeerd op de Middenweg in Amsterdam? Het is te gek voor woorden. Waarom worden mijn vingerafdrukken digitaal bewaard in een centrale database? Waarom worden mijn e-mails en de door mij bezochte websites bewaard in een centrale database? Waarom hebben wij allemaal bananen in onze oren? Omdat de overheid het wil.
Daarom.

Je kunt veel zeggen over de moord op Pim Fortuyn en je kunt veel zeggen over de moord op Theo van Gogh, maar niet dat het terroristische aanslagen waren. Het waren moorden, dat is erg genoeg. De daders zijn gepakt en veroordeeld. Over de zwaarte van de straf kan worden gediscussieerd. Maar het waren geen aanslagen.
Er was een aanslag in Madrid en eentje in Londen. Totaal aantal slachtoffers? Minder dan het aantal verkeersdoden in Nederland in een maand. Veiligheid? Waar zoeken we het en hoeveel vrijheid geven we ervoor op?
The Open Society and its Enemies, daarover schreef Karl Popper. Het hysterische veiligheidsbeleid zal ertoe leiden dat onze *Open Society* een *Closed Society* wordt en dat wij zelf de opgeslotenen zijn.
Het resultaat van streven naar veiligheid is angst. En onvrijheid. Het voorkomen van aanslagen klinkt heel mooi, de overheid als beschermer van de burgers. 'We pakken die terroristen nog voordat ze een aanslag kunnen plegen.' Maar de overheid moet misdadigers niet willen pakken *voordat* ze iets hebben gedaan. Wat is dat voor onzin? Dan is iedereen opeens een misdadiger. Ik ook. Ik heb nog niets gedaan, nee.
'Dat bewijst niets, mijnheer Den Tex, daar koopt mevrouw

Ter Horst geen bananen voor. "Ik heb nog niets gedaan", dat kan iedereen wel zeggen.'

Precies. En dat wilden wij graag zo houden.

Overheden zijn informatiejunks. Letterlijk. Het maakt niet uit hoeveel informatie ze al hebben, ze willen altijd meer. En net als een echte junk maakt het de overheid niet uit wat ze ervoor moet doen om aan die informatie te komen: stelen, liegen, verzinnen of bang maken. Door mee te werken helpen we de junk niet, integendeel, we versterken zijn verslaving. We doen het zelf.

Ilija Trojanow en Juli Zeh laten zien waar het veiligheidsdenken vandaan komt, hoe het werkt, hoe het zichzelf in stand houdt en wat de gevolgen daarvan zijn. Verplicht lezen voor iedere politicus en iedere burger.

Charles den Tex

Het einde van de vrijheid

Als we bang zijn, ritselt het overal.
Sophocles

Vroeg uit de veren. De wekker gaat. Het is nog donker. Niet meteen licht maken, een minuutje op de rand van je bed blijven zitten. De ochtendlucht inademen. Het raam staat gekanteld, de deur naar de gang open. In de keuken wacht het espressoapparaat. Waar zijn de sloffen? Uitrekken, opstaan, het licht aandoen.

U trekt het gordijn voor het keukenraam dicht zodat de overbuur niet kan binnenkijken, voorzichtigheidshalve, want eigenlijk slaapt hij op weekdagen even lang als u tijdens het weekend. U zet een dubbele espresso, in uw grote lievelingsmok, zodat er plaats blijft voor de melk. U brengt de kop naar uw mond, blaast eventjes en neemt een slok. Nu kan de dag beginnen. U zet de kop op tafel. Op de rand hebt u twee prachtige vingerafdrukken achtergelaten. Even duidelijk omlijnd en volledig als die in uw paspoort. Of die in de databanken van de US Customs and Border Protection sinds uw laatste zomervakantie in Florida. Bent u voor uw beroep veel op pad? Dan kent men het patroon op de koffiekop die u nu naar uw werkkamer draagt ook in Zweden, Georgië en Jemen.

Zoals elke ochtend leest u uw privémail. Die is intussen al gecheckt – niet alleen door uw virusscanner. U hebt nog een paar minuutjes tijd voor u naar het werk moet en dus kijkt u even op een of andere website – de recherche weet welke als ze wil, en kan dat ook binnen zes maanden nog nakijken. U doet nog vlug een overschrijving waar u net aan denkt – de bevoegde overheid weet naar wie. Gelukkig heet u Müller, dat beschermt u een beetje. Bij uw collega Tarik al-Sultan, die onlangs voor een bergtocht in Kasjmir was, verstuurt de computer op dit moment de hele inhoud van zijn harde schijf naar de binnenlandse veiligheidsdienst. Pakt u misschien net de telefoon om met Tarik iets vertrouwelijks te bespreken dat niet thuishoort op kantoor? Laat dat liever. Zoek hem thuis op, als u ongestoord wilt praten. Behalve als Tarik als risicopersoon werd geklasseerd omdat hij geregeld geld stuurt naar zijn werkloze neef in Pakistan. Dan zit zijn huis toch al vol afluisterapparatuur.

U haast u de deur uit. De bewakingscamera van uw woonblok volgt elke stap die u doet. Ook wanneer u het metrostation binnenkomt, wordt u gefilmd, en wanneer u op het perron staat en in de winkel-wandelstraat loopt waar u uw krant koopt. Hebt u al eens geprobeerd voor een bewakingscamera een onschuldige indruk te maken? Het is nog moeilijker dan op een geposeerde foto natuurlijk glimlachen. Waarom dwaalt uw blik voortdurend naar boven? Twee keer al hebt u direct in de camera gekeken. En nu tast u alweer naar uw haar. Als dat nog een keer gebeurt, zal de biometrische gedragsanalyse het alarm in werking zetten. Waarom bent u zo nerveus? Volgens uw patiëntenkaart krijgt u de laatste tijd kalmeringsmiddelen voorgeschreven. En de klantenkaart registreert toegenomen alcoholconsumptie. U hebt uit de bankautomaat weer 1.000 euro opgenomen. Waarvoor hebt u zo veel contant geld nodig? Bovendien is uw elektriciteitsverbruik de voorbije maand met 12,4 procent gestegen. Verstopt u iemand? In de stadsbibliotheek leent u de laatste tijd merkwaardige boeken, over burgerlijke ongehoorzaamheid en de Commune van Parijs. Hebt u niet genoeg aan de historische dikke pillen? En die geregelde geldtransfers naar Zuid-Frankrijk? Waarvoor? Waarom hebt u de voorbije nacht eigenlijk zo lang rond uw woonblok gelopen? U had uw mobieltje niet uitgeschakeld – dan weet men precies waar u bent.

Na het werk stapt u in de auto om iets persoonlijks af te handelen. Gebruik uw navigatiesysteem niet. Zo is niet makkelijk te achterhalen waar u heen rijdt. Maak een omweg, vermijd de autoweg met al zijn tolkantoren. U vraagt u intussen beslist al af waarom uitgerekend u zo hardnekkig wordt beloerd. Waarom juist u? Er is toch geen enkele reden waarom iemand zich voor u zou interesseren?

Weet u dat zeker?

Weet u dat heel zeker?

Hebt u niet onlangs meebetoogd tegen de G8-top? Dan heeft de politie zelfs uw geurstaal. Hebt u niet tot onlangs in dat studentenhuis gewoond waar ook een zekere Abu Mehsud zijn intrek had genomen? Dat was u niet, dat moet een andere Müller zijn geweest? Nou ja, als u zo heet ligt een vergissing voor de hand, uw eigen schuld. En hoe zit het met uw vriendin, die koopt massa's haarverf, vlekkenmiddelen en batterijen. Dat wil zeggen: waterstofperoxide, aceton, zwavelzuur! Wij zijn niet achterlijk. Met die dingen kan elke idioot een bom maken. Natuurlijk beweert u dat uw vriendin niet van plan is een bom te maken. Dat zou iedereen antwoorden. Maar als u toch de waarheid zegt – wat is het probleem dan? We helpen u alleen die vervelende verdenking uit de weg te ruimen door goed toe te kijken. Dat moet voor u toch ook een opluchting zijn?

Geen reden voor ongerustheid dus. Alles gebeurt voor uw eigen bestwil. De staat past op u. De staat is uw vader en uw beschermer. Hij moet weten wat zijn kinderen uitspoken. Als u niets ergs te verbergen hebt, hebt u ook niets te vrezen. En over wat erg is, zullen specialisten zich wel uitspreken. Denk erom dat u zich verdacht maakt als u niet alle kaarten op tafel legt. Als u meespeelt, hoeft u niet bang te zijn. Wij zijn de Stasi of de FBI niet. U leeft in een gezonde democratie. Dan mogen wij toch wat vertrouwen verwachten?

Wat? De staat moet u vertrouwen? Waar zou dat op uitlopen? De grondwet zegt dat alle macht uitgaat van het volk. Maar macht moet worden beteugeld. Daarover bent u het toch eens met het ministerie van Binnenlandse Zaken?

Ga nu maar, uw schaduw blijft hier. We zullen nog van u horen, zien en lezen.

Opgelet, we onderbreken deze tekst voor een belangrijke mededeling: dit is geen sciencefiction. We herhalen: géén sciencefiction! Dit is niet *1984* in Oceanië, maar het jaar 2009 in de Bondsrepubliek. Mocht u zich nog altijd niet verdacht voelen – gefeliciteerd. U bent een onverbiddelijke optimist. Laten we hopen dat u door de aanschaf van dit boek geen verdachte optimist bent geworden.

Eerste hoofdstuk: weg uit die pan!

Wie de vrijheid opgeeft om veiligheid te vinden zal ten slotte beide verliezen.
Benjamin Franklin

Laten we er even van uitgaan, beste lezer, dat u in het westen van de republiek bent geboren, ergens tussen – laten we zeggen – 1950 en 1990. U werd geboren in een maatschappij die zichzelf als vrijheidslievend en democratisch beschouwt. Op school hebt u bij zowat alle vakken behalve wiskunde 'het Derde Rijk' behandeld, en als er al één universele wet bestond, luidde die: zoiets mag bij ons *nooit meer* gebeuren. Nooit meer mogen wij van mensen nummers maken. Nooit meer mogen wij door categorisering een onderscheid maken tussen waardevolle burgers en vijanden van de maatschappij. We willen geen geheime politie die haar eigen wetten volgt. We zullen nooit vergeten wat het betekent wanneer mensen objecten worden van totale machtsuitoefening. Daarom, zo heeft men u geleerd, moeten de democratische vrijheden die we genieten voor eens en voor altijd worden beschermd door het kritische bewustzijn van de burgers. Iedereen is geroepen zich in te zetten voor pluralisme en behoud van de rechtsstaat, en de grondwet niet alleen als vigerend recht te beschouwen maar ook als een waardensysteem. Die les, denkt u, werd onze burgers grondig bijgebracht.

Weet u dat zeker?

Laten we er even van uitgaan, beste lezer, dat u in het oosten van Duitsland bent geboren. In een systeem dat zichzelf eveneens vrijheidslievend en democratisch noemde. Maar u hebt de staatsrepressie aan den lijve ondervonden. U hebt gewenst in uw woning een open gesprek te kunnen voeren zonder de volumeknop van de platenspeler helemaal te hoeven opendraaien.

U hebt ervan gedroomd niet te hoeven deelnemen aan vendelzwaaispektakels. U had er veel voor gegeven carrière te kunnen maken zonder afhankelijk te zijn van incompetente partijbonzen. U wilde niet meer op zwarte lijsten komen, u had uw buik vol van een staat die u als een vijand behandelde en voor wie politiek oorlog tegen de eigen burgers betekende. U droomde van een maatschappij zonder controle en verdenking, van een samenleving zonder bespionering en verraad. Waarschijnlijk hebt u beter dan wie ook uit het Westen begrepen wat met 'vrijheidslievende waarden' wordt bedoeld. Misschien heb u ook een 'nooit meer' gezworen. De Wende heeft die droom in vervulling doen gaan.

Weet u het zeker?

De aanslagen van 11 september 2001 waren spectaculair in hun gruwelijkheid. Ze veroorzaakten een shocktoestand bij verschillende staten, die sindsdien voor steeds meer choquerende gevolgen zorgt: de canon van waarden die men in Duitsland en misschien nog meer in oudere democratieën zoals Groot-Brittannië of Frankrijk als verankerd beschouwde, bleek opeens vluchtig. Principiële opvattingen van burgerlijke vrijheid werden als ballast overboord gegooid. Een grondrechtenstandaard, die we als een van onze grootste sterke zijden hadden beschouwd, bleek opeens een lacune in de veiligheid. Verworvenheden van de beschaving waarvoor eeuwen werd gevochten, werden in een handomdraai bij het vuil gezet. Ter bestrijding van de 'terroristische dreiging', die allang bekend was maar voorheen nooit zo zichtbaar in de media, werden maatregelen uitgevaardigd die de fundamentele rechten beperkten en die tot kort daarvoor ondenkbaar waren.

Tijdens de eerste jaren na 11 september 2001 stonden de kranten vol waarschuwingen voor het terrorisme, maar er was nauwelijks een noemenswaardig openbaar debat over de uitbreiding van de bevoegdheden van de staat. Niet langer geleden dan in de jaren tachtig lokte een geplande volkstelling in Duitsland massabetogingen uit, omdat veel mensen een actualisering van de bevolkingsgegevens als een onverdraaglijke inmenging in hun persoonlijke vrijheid aanvoelden. Twee decennia later protesteert haast niemand tegen het feit dat elke burger zijn vingerafdrukken ter beschikking van de staat moet stellen, hoewel het duidelijk niet gaat om een middel tegen fraude met paspoorten maar om het oprichten van een Europese databank.

Wat is er gebeurd? Komt het verdedigen van de individuele vrijheid sinds de verschrikkelijke beelden uit New York over als een bekrompen vasthouden aan een te genereuze grondwet, misschien zelfs als een aanval op de veiligheid van de staat? Zijn voorspellingen van doemscenario's voor de massamedia zo veel interessanter en geloofwaardiger dan de reële inperkingen van onze grondrechten? Hoe dan ook ligt het trieste vermoeden voor de hand dat het met de internalisering van vrijheidsidealen lang niet zo ver staat als we dachten. De succesbalans van politieke voorlichting na het einde van de eeuw der totalitarismen ziet er treurig uit.

Hoewel het Duitse Constitutioneel Hof op een nooit eerder vertoonde wijze een grondwettelijk stokje steekt voor de ene wet na de andere en daardoor een kritisch debat aanwakkert over de vanzelfsprekendheid waarmee we onszelf als democratisch beschouwen, is er aan het tempo van de evolutie inzake nationale veiligheidsmaatregelen niets veranderd. Terwijl op school nog altijd de idee van de oude rechtsstaat wordt aangeleerd, wordt die buiten de schoolmuren flink vertimmerd. Het hele proces baadt in een aura van onvermijdelijkheid. Goedmoedig als een koe slaat de burger de schijnbaar noodzakelijke ontwikkelingen gade en herkauwt hij de bijbehorende argumentatie: 'veiligheid' kan niet anders dan door beperking van de vrijheid worden gegarandeerd, en de 'onschuldige' burger wordt door de wijzigingen toch niet getroffen. Wat niet opgelost raakt, is het fundamentele dilemma dat onvermijdelijk opduikt als je de feiten rustig tegen elkaar afweegt: kun je een waardensysteem verdedigen door het af te schaffen?

Wie nu opstaat en zegt: 'Genoeg! Jullie slaan iets kapot wat niet meer kan worden hersteld!' of wie nu met kinderlijke onschuld uitroept: 'De minister van Binnenlandse Zaken is naakt!' wordt monddood gemaakt. Grondrechtsdoemdenker! Rechtsstaathystericus! Belachelijk toch, te denken dat die paar veranderingen van de laatste jaren de democratie al in gevaar brengen! Er wordt zelfs beweerd dat de stemmen die waarschuwen voor een controlemaatschappij het product zijn van die typisch Duitse ziekte: misprijzen voor de staat – en dat is vijfhonderd jaar Duitse traditie van onderdanigheid op zijn kop zetten. Of er wordt met het verwijt gezwaaid dat het weerstandsvermogen van de staat wordt aangetast door zijn verweermogelijkheden tegen het terrorisme te verzwakken. Uitgerekend aan de sceptici van de toegenomen controlebehoefte van de staat wordt een ongerechtvaardigd wantrouwen tegenover de overheid toegedicht – hoewel het eerder de overheid is die van een diep wantrouwen getuigt door steeds meer middelen te eisen om in te grijpen. De burger moet maar vertrouwen op de goede bedoelingen van de staat, terwijl de staat de burger overal waar hij gaat of staat bewaakt. Maar wanneer de staat meent zich te moeten verdedigen tegen zijn eigen burgers is er iets grondig fout gelopen.

Niemand kan met zekerheid zeggen wanneer een democratie ten onder gaat, wanneer een rechtsstaat een lege huls wordt. Er is geen meetlint, geen stopwatch, geen lakmoestest. Nergens staat een bord: 'Opgelet! U verlaat nu de democratische sector!'

Als we er later op terugkijken, lijkt het telkens duidelijk op welk historisch ogenblik de vrijheid onomkeerbaar beschadigd werd – in het geval van het nationaal-socialisme bijvoorbeeld door de machtigingswet van 24 maart 1933. Dan wordt met een terugwerkende blik gevraagd: 'Hoe konden jullie het dreigende gevaar niet beseffen? Dat hadden jullie toch moeten zien aankomen! Waarom hebben jullie je niet verzet?' En het antwoord is telkens een oorverdovend zwijgen tegenover de schijnbaar onstuitbare loop der dingen.

Een juiste zelfdiagnose wanneer we ergens middenin staan, is totaal onmogelijk. Het ontbreekt ons aan de noodzakelijke afstand; het ontbreekt ons gewoon aan kennis over de toekomstige loop der gebeurtenissen. De gevolgen van politieke ontwikkelingen doen zich soms trager en soms vlugger voor, maar de ene bouwt altijd wel voort op de andere, ze beïnvloeden elkaar wederzijds en zijn daarom veelgelaagd.

Precies omdat de vrijheid dus niet met een donderslag in het niets verdwijnt, lijdt elk goed functionerend systeem aan de waan van zijn welmenende aanhangers dat ze veilig zijn. Ze vergeten dat ze hun vrijheid beslist niet van de staat krijgen, maar dat ze integendeel een deel van hun rechten aan de staat afgeven. Vrijheid is geen geschenk van de overheid, maar een basistoestand van de natuur of een gave Gods, naargelang aan welk scheppingsidee je de voorkeur geeft. Vrijheid is geen bonus, geen premie, geen dertiende maand. Ze gaat vooraf aan ons staatsbegrip.

Als de strijders voor rechtvaardigheid en vrijheid even goed georganiseerd waren als de tegenkrachten, dan zou de geschiedenis van de mensheid er heel anders uitzien. Als miljoenen mensen op straat waren gekomen om hun grondrechten te verdedigen, dan zouden de observatie- en controlewetten van de laatste jaren nooit zijn aangenomen. Het is de taak van elke burger om geregeld te peilen of in de dingen waar 'vrijheid' op staat, wel degelijk nog vrijheid zit.

We kunnen ons tegen alles verzetten wat de staat ons wil aandoen. Dat is de essentie van vrijheidslievende maatschappijen. Alle rechten die we vandaag genieten – bijvoorbeeld in onze omgang met het gerecht, met de politie en met andere overheden – zijn gevolgen van individuele scepsis en gemeenschappelijk verzet, al eeuwenlang. Ze werden bevochten door mensen wier namen we op straatnaambordjes terugvinden en aan wie af en toe in zondagse preken terloops wordt herinnerd. Die mensen hebben voor de bevrijding van de onrechten vaak genoeg betaald met hun leven, gezondheid of geluk. Wij, die profiteren van die offers, hebben een verplichting tegenover het bevochtene. We mogen ons niet lichtvaardig de kaas van het brood laten eten alleen omdat het een geschenk is van onze voorouders. Het bereikte is geen constante; het verworvene kan snel weer verdwijnen. Vrijheid is een waarde die door elke generatie, door elk individu opnieuw moet worden bevochten en verdedigd. Ook door ons.

Een kikker die in een pan met heet water wordt gegooid, springt er meteen weer uit als hij kan. Maar als je hem in koud water zet en de pan gelijkmatig opwarmt, blijft hij rustig zitten tot hij sterft.

We hebben in onze geschiedenis genoeg kikkers als tot nadenken stemmende voorbeelden. Als we ons nu niet verzetten, zullen we aan latere generaties moeilijk kunnen uitleggen waarom we niet in staat waren om hen de vrijheid te laten erven die we zelf ooit genoten. Acht jaar al kijken we verlamd toe wat in en met ons land gebeurt, terwijl men ons probeert aan te praten dat de lessen van de twintigste eeuw in de eenentwintigste niets meer te betekenen hebben. Weg uit die pan!

Tweede hoofdstuk: de lange weg naar het grondrecht

Vooruitgang is de verwezenlijking van utopieën.
Oscar Wilde

Gedurende de langste tijd in onze geschiedenis was een groot deel van de mensen veroordeeld tot slavernij en onderdrukking. Dat die wantoestand alvast in sommige streken van de wereld werd overwonnen, is een van de grootste prestaties van de mensheid. De idee van de universele, onvervreemdbare en ondeelbare rechten is niet alleen een der waardevolste geschenken van vroegere generaties aan de onze, maar ook een belangrijke basis om in de toekomst steeds weer te vechten voor een vrijheidslievende en rechtvaardige wereld.

Hoewel filosofen de idee van de natuurlijke vrijheid van het individu al in de oudheid formuleerden, kwamen de rechten van het individu, of het nu om mensen-, burger- of grondrechten gaat, niet uit de hemel gevallen. Terwijl de meeste godsdiensten wel de gelijkheid van alle mensen voor het oog van God verkondigden, waren de verschillen tijdens het leven des te groter: als koning of dagloner kwam je ter wereld, zonder kans om door persoonlijke inspanningen iets aan je eigen situatie te veranderen.

In de christelijk-Romeinse oudheid was de vrijheid van het individu geen gemeengoed, maar het privilege van de bovenlaag van de bevolking. Het vrijheidsbegrip werd filosofisch onderzocht, zonder te worden verheven tot een politiek ideaal. Een eerste stap in de richting van vrijheid als een politiek grondrecht werd in het geloof van de joden gezet: met de uittocht uit Egypte werd een principiële erkenning van de persoonlijke vrijheid voor elk lid van het Israëlische volk verbonden. Het vroege christendom echter verplaatste de idee van vrijheid in feite naar het hiernamaals, terwijl de mens op aarde zich vooral 'innerlijk' kon bevrijden van zijn lotsbestemming.

Onder nomaden en in stammenmaatschappijen waren er telkens weer gemeenschappen waar niemand aan gezag was onderworpen, waar het individu gelijkgesteld was met alle anderen en waar beslissingen in groepsverband werden genomen. Maar toen men zich begon te vestigen en aan landbouw ging doen en er staatsstructuren ontstonden, werd de macht geconcentreerd in de handen van enkelen die rechtspraken over het recht zelf, terwijl de grote meerderheid van de bevolking zonder rechten achterbleef. Quod licet Iovi, non licet bovi – wat Jupiter mag, mag een rund nog lang niet, luidde het Romeinse maxime. Wie heerste, kon naar believen beschikken over leven, vrijheid en eigendom van zijn onderdanen, hij hoefde zijn beslissingen niet te rechtvaardigen. De gedupeerde kon geen protest aantekenen, en al evenmin een herroeping van de beslissing verkrijgen. Slavernij, leendienst en dwangarbeid waren vanzelfsprekend. Zelfs wie tot de hofhouding en dus tot de bevoorrechten behoorde, was zijn leven niet zeker, zoals de beroemde voorbeelden van Petronius en Seneca, Thomas More en Walter Raleigh bewijzen. Uit de algemene onvrijheid resulteerde een dagelijkse existentiele onzekerheid die het leven van haast iedereen bepaalde.

Er 'heerst' willekeur, zo wordt gezegd, en daarmee geeft de taal zelf al het inherente geweld van zulke machtsverhoudingen aan: waar heerschappij wordt ontplooid, dreigt grenzeloze willekeur. Aan die willekeur paal en perk stellen was het voornaamste doel van een reeks vooruitstrevende denkers, van Aristoteles via Avicenna, Spinoza, Locke, de Montesquieu en Rousseau tot Kant. De Verlichting wilde de mens niet alleen uit zijn geestelijke maar ook uit zijn door de staat opgelegde onmondigheid halen. Parallel met de stormen in de studeerkamer werd in talloze revolutionaire opstanden en hervormingsbewegingen (waaronder de Boerenoorlogen, de Amerikaanse Onafhankelijkheidsverklaring van 1779 en de 'Federalist Papers' van 1787/88, de Franse Revolutie en de revoluties van 1848) telkens opnieuw de staatsmacht uitgedaagd en werd die ten slotte aan principes onderworpen die kort daarvoor nog ondenkbaar waren: aan grondrechten, aan de scheiding der machten en aan legitimatie door democratische medezeggenschap in de plaats van het regeren bij Gods genade.

Met dit korte overzicht willen we geen bijles geschiedenis geven, maar eraan herinneren dat onze grondrechten, die momenteel doorgaans als vanzelfsprekend worden beschouwd, een eeuwenlange weg hebben afgelegd. Vroegere generaties hebben voor een betere toekomst gestreden. Wij zíjn die betere toekomst en hebben de verantwoordelijkheid onszelf te herinneren aan de oorsprong van onze privileges en die ook waard te zijn. Dat dit vandaag soms moeilijk lukt, blijkt op een angstaanjagend duidelijke wijze uit het voorbeeld van de bescherming tegen willekeurige aanhouding. Dit grondrecht heeft een bijzonder indrukwekkende ontstaansgeschiedenis.

Toen in het Engeland van de dertiende eeuw de adel nog maar eens rebelleerde tegen de kroon, ging het zoals zo vaak om geld. In hun strijd tegen overdreven belastingen dwongen de edellieden van de Engelse koning John een document af dat als de *Magna Charta* van 1215 de Europese grondwetgeschiedenis inging. Van de 63 artikelen van de Charta is er een dat verbazingwekkend modern klinkt. Artikel 39 luidt: 'Geen enkele vrije man mag worden aangehouden, gevangengezet, van zijn goederen beroofd, vogelvrij verklaard, verbannen of op enige andere wijze worden aangevallen; wij zullen hem evenmin iets aandoen of hem in de gevangenis laten gooien zonder het wettelijke vonnis van zijn gelijken of de wet van de staat.'

De ongerechtvaardigde arrestatie is van oudsher de indrukwekkendste blijk van onmacht van het individu tegenover de staat. Vierhonderd jaar na de Magna Charta misbruikte de Engelse koning Charles 1 nog zijn zogenaamde 'habeas corpus'-bevoegdheden ('u mag het lichaam hebben'), dus het recht om een arrestatiebevel uit te vaardigen, om van welgestelde burgers betalingen af te persen. In 1679 leidde de strijd om de geleidelijke bevrijding van het individu in Groot-Brittannië tot een historisch succes, met name door de uitvaardiging van de Habeas Corpus Amendment Act. Gevangenen moesten voortaan binnen drie dagen voor een rechter worden geleid en mochten in geen geval het land uit worden gebracht.

Geen enkele vrije man mocht ooit weer het lot ondergaan dat later Kafka's literaire Josef K. ten deel viel, die op een morgen werd gearresteerd 'zonder dat hij iets kwaads had gedaan'. Er is weinig fantasie nodig om je de nachtmerrie voor te stellen dat je willekeurig uit je normale leven wordt gerukt en in de gevangenis wordt gegooid. Daarom ook is de bescherming tegen willekeurige aanhouding opgenomen in de belangrijkste documenten over mensenrechten. De 'Verklaring van de mensen- en burgerrechten', die in 1789 als gevolg van de Franse Revolutie werd geproclameerd, verwijst ernaar in artikel 7. Een maand later maakte de Amerikaanse 'Bill of Rights' er een opeisbaar recht van. Twee eeuwen nadien zijn moderne rechtsystemen zonder de bescherming tegen willekeurige arrestatie niet meer denkbaar. De Europese Conventie voor de Rechten van de Mens verankert dit recht in artikel 5, de Duitse grondwet in artikel 104, de Universele Verklaring van de Rechten van de Mens van de VN in artikel 9.

En vervolgens? Op 18 december 2007 werd in New York een originele kopie van de 'Magna Charta' voor 21 miljoen dollar geveild – terwijl het in artikel 39 ervan geformuleerde recht in het moderne Amerika al niet meer voor iedereen gold. Een jaar eerder had George W. Bush de habeas corpus-bescherming voor zogenaamde 'vijandelijke strijders' buiten werking gesteld. Wie wel en wie geen vijandelijke strijder is wordt bepaald door de uitvoerende macht en niet door bijvoorbeeld een rechter; rechtsgeldige middelen tegen die beslissing zijn er niet. Als de nieuwe Amerikaanse regering onder Barack Obama nu aankondigt dat ze het begrip 'vijandelijke strijder' niet meer zal gebruiken, betekent dat nog niet dat er iets verandert aan de desbetreffende praktijk van arrestatie en gevangenzetting van 'aanhangers' van het terrorisme. Net zoals zijn voorganger is Obama van plan om bij de terrorismebestrijding het oorlogsrecht toe te passen, waartegen de rechtbanken praktisch machteloos zijn. Bijna achthonderd jaar na de uitvaardiging van de Magna Charta heerst ... willekeur.

Iets minder drastisch, maar jammer genoeg niet minder dramatisch, is de ontwikkeling op andere terreinen van de bescherming van de fundamentele rechten. Ook nu nog krijgt de Markies van Posa in *Don Carlos* geregeld een open doekje wanneer hij in de theaters van ons land eist: 'Geeft u vrijheid van gedachten!' Kennelijk voelt ook een publiek in de eenentwintigste eeuw nog aan wat die uitroep betekende in Schillers tijd. Het is nog niet lang geleden dat het uiten en neerschrijven van politieke ideeën progressieve schrijvers, denkers en revolutionairen in de gevangenis en zelfs in het graf kon brengen. In grote delen van de wereld bestaat dat gevaar nog altijd. Precies omdat de mens in staat is zelfstandig te denken, was het altijd al van cruciaal belang voor autoritaire staatsapparaten om kritische ideeën op het spoor te komen. Die nieuwsgierigheid van de staat binnen de grenzen houden stond op alle progressieve vaandels geschreven.

Door de vooruitgang van de communicatietechnologie in de twintigste eeuw heeft de eis uit *Don Carlos* opnieuw aan actualiteit gewonnen. Vóór de uitvinding van telefoon en internet speelde de bescherming van de privacy in de strijd voor burgerrechten maar een secundaire rol. Het was betrekkelijk makkelijk om de vrijheid van denken te beschermen. Zolang vreemden geen toegang tot de vier muren van je privéwoning hadden en het briefgeheim gold, kon het individu zich in zijn onschendbare woning terugtrekken. In Duitsland werd het briefgeheim al vroeg gegarandeerd, eerst in 1690 en nadien nog eens, in 1712, in de 'Algemene Pruisische Postverordening'. Wie het briefgeheim schond, werd hard gestraft. De Franse Assemblée Générale nam het als eerste op in de lijst van grondrechten.

Dankzij die politieke verworvenheden kon men zingen: 'De

gedachten zijn vrij', zoals in een oud volkslied, waarvan de bekendste versie die van Hoffmann von Fallersleben is, de man die ook het Duitse nationaal volkslied heeft geschreven. Vandaag echter zou de daaropvolgende vraag: 'Wie kan ze raden?' opnieuw moeten worden beantwoord, en wel zo: 'Door iedereen die over de technische mogelijkheden beschikt de e-mail van iemand anders te lezen.' Het in de achteruitkijkspiegel bekeken bepaald aandoenlijk overkomende briefgeheim heeft in de loop der jaren een andere betekenis gekregen. Geen enkel ander grondrecht werd zo vaak uitgebreid om gelijke tred te houden met de technische ontwikkelingen, van het telefoon- en telegraafgeheim tot de modernste databescherming. Omdat ons leven almaar doorzichtiger wordt, wordt het ook almaar moeilijker om ons *house* als *castle* te verdedigen. Vandaag, bij het begin van de eenentwintigste eeuw, krijgt de bescherming van de privacy en persoonlijke communicatie een volledig nieuwe, centrale betekenis voor het voortbestaan van de democratische maatschappij. Opnieuw moet dit grondrecht worden verdedigd, tegen de greep van de politici die ons willen wijsmaken dat dit soort rechten tegenwoordig overbodig zijn geworden. Ze zijn integendeel precies met het oog op een razendsnelle technologische ontwikkeling die nog lang niet is afgesloten, noodzakelijker dan ooit.

De sensibiliteit van de burgers blijft nog altijd ver achter bij de draagwijdte van het probleem. Er is nauwelijks iemand die beseft dat elke verstuurde mail nog het meest lijkt op een brief in een open envelop die overal ter wereld door elke belangstellende met internettoegang kan worden ingekeken. Stel je voor dat in de tijd van het goede, oude briefgeheim een regering had geëist dat er van elke postzending een kopie moest worden gemaakt en dat al die kopieën in reusachtige archieven moesten worden opgeborgen om ze indien nodig te kunnen lezen! Een dergelijke onredelijke eis had men streng veroordeeld. Maar wat de regering van Groot-Brittannië van plan is met het invoeren van zogenaamde 'black boxes', die elke e-mail en elke websiteraadpleging moeten bewaren, is net hetzelfde. De geplande megadatabank draagt de edele naam 'Intercept Modernisation Programme'. Nu al mag de Britse geheime dienst alles afluisteren en bewaren, maar hij heeft er nog telkens de toelating van de minister van Binnenlandse Zaken voor nodig. Om dit soort toelating werd in 2007 zo'n 500.000 keer verzocht. Een dergelijke veelomvattende controle is nooit eerder voorgekomen, niet onder Nero, Hendrik VIII, Louis XIV, Napoleon, Franco, niet eens onder Hitler of Stalin. Het huidige Groot-Brittannië, de wieg van de moderne democratie, is nog slechts een administratieve stap verwijderd van de grootste controlestaat aller tijden.

Maar dit alles, zo wordt ons verteld, gebeurt uitsluitend om ons te beschermen. 'Vrijheid' mag toch niet verkeerd worden begrepen als de vrijheid om strafbare feiten te plegen. Natuurlijk: naarmate 'vrijheid' zich ontwikkelde tot een centraal begrip van de sociologie, laaide ook de discussie op welke grenzen aan die vrijheid moesten worden gesteld zodat de vrijheid van de ene mens niet die van de andere zou bedreigen. Maar hoewel de meeste denkers voor een beperking van de vrijheid van handelen opkwamen om schade voor anderen te verhinderen, eisten ze terecht dat er onder alle omstandigheden een zekere ruimte voor zelfontplooiing moest worden gegarandeerd. Ze vonden dat alleen de garantie op een strikt persoonlijke levenssfeer de ontwikkeling van de mens in al zijn eigenzinnigheid mogelijk maakte – en daarmee ook zijn waardigheid garandeerde. John Stuart Mill was van oordeel dat de beschaving zelf van die principes afhangt, want zonder vrije meningsuitwisseling komt de waarheid niet aan het licht, is er niet voldoende speelruimte voor spontaneïteit, originaliteit en weerbarstigheid, waaruit de geest en het denken putten. In plaats van verscheidenheid komt er dan conformiteit, die slechts 'beperkte, bekrompen en vervormde mensen' produceert. Mill ging nog een stap verder: 'Alle vergissingen die een mens tegen alle goede raad en waarschuwingen in kan begaan, zijn lang zo erg niet als een situatie waarin anderen hem kunnen dwingen tot iets wat ze als goed beschouwen.' Daarmee benoemde Mill een principe dat ook vandaag nog voor emotie en controverse zorgt.

De vraag naar de toelaatbare grenzen van de vrijheid zal nooit definitief kunnen worden beantwoord – een dergelijk definitief antwoord zou precies het onmiskenbare teken zijn van een gelijkschakeling van de gedachten. Tot welk resultaat een afweging komt, hangt in niet onbelangrijke mate af van het mensbeeld dat men heeft. Wie, zoals Thomas Hobbes, de mens tot al het mogelijk kwade in staat acht, zal controle en afschrikking willen verscherpen en het domein waarin het individu vrijheid geniet door staatsalmacht willen reduceren. Wie echter, zoals John Locke, de gemeenschapszin van de mens voor bepalend houdt, zal de privacy beschermen tegen ingrepen van de overheid, als een kiemcel van maatschappelijke verdraagzaamheid en ontwikkeling.

Afgezien van al die verschillende opvattingen kunnen we echter niet heen om een onbetwistbaar empirisch gegeven: de totalitaire systemen van de twintigste eeuw hebben niet alleen het schrikbeeld van Mill van de 'collectieve middelmatigheid' in werkelijkheid omgezet, maar ook alle conservatieve controlefantasieën sinds Hobbes in diskrediet gebracht. Want de gevolgen van staatsalmacht zijn oneindig veel erger gebleken dan welke individuele misstap ook.

En toch lijkt het erop dat we op 11 september 2001 in de hele wereld het zenit van de bescherming van de burgerrechten hebben overschreden. Grondrechten worden afgebouwd alsof het feest van de vrijheid voorbij is. Ironisch genoeg lopen net de Amerikanen en Britten, de voorvechters in de ontwikkeling van grondwettelijke bescherming, ook bij de afbraak ervan in het voorste gelid. Maar ook andere Europese landen breiden de bevoegdheden van politie en geheime diensten massaal uit, perken de rechten van verdachten in en ontmenselijken het gerechtelijke apparaat, omdat de 'vijand' geen rechten mag hebben.

Op een inflatoire manier wordt over 'terreurverdachten' gesproken, en de taal geeft hier al aan wat de bedoeling is. Eigenlijk zijn verdachten, volgens onze rechtsopvatting, steeds ook onschuldigen (het vermoeden van onschuld is een andere verworvenheid van de strijd om vrije waarden). Maar de eerste helft van het begrip ('terreur') wijst al in de richting van hechtenis, speciale rechtbank en foltering. Omdat de NATO-staten een 'oorlog tegen de terreur' uitvechten, die als strijd tegen een amorfe tegenstander eindeloos moet zijn, is een 'terreurverdachte' al een misdadiger die ons leven en onze wereld bedreigt. Het woord, net zo agressief als wat het suggereert, zet de mensenrechten tussen haakjes. Alsof achthonderd jaar geschiedenis van grondrechten zijn betekenis had verloren.

Die evolutie wordt nog verergerd door een om zich heen grijpend fatalisme dat de inperking van de vrijheden als een historisch lot accepteert. Er bestaat wellicht geen destructiever dogma dan het idee dat wat gebeurt onstuitbaar is en dat elk verzet tegen de dwang van de geschiedenis naïef want nutteloos is. Politici die zich op het thema 'veiligheid' profileren en die we voortaan 'veiligheidspolitici' zullen noemen, argumenteren in het licht van die opvatting als ze beweren dat verdergaande bevoegdheden om in te grijpen, die in andere landen al bestaan, om redenen van gelijkschakeling ook bij ons moeten worden ingevoerd. Op dezelfde manier verspreidt de aanpak van de Europese Unie dit valse aura van onvermijdelijkheid. Wanneer de EU-commissaris voor Justitie buiten het rechtstreekse kader van de top van Lissabon zijn plannen voor de oprichting van centrale databanken en vliegtuigpassagiersregisters voorstelt terwijl de media gefocust zijn op de berichtgeving over het Verdrag van Lissabon, en wanneer de commissie Binnenlandse Zaken van het Europees Parlement daarover met gesloten deuren vergadert, kondigt zich ver van de openbaarheid de volgende stap aan in de afschaffing van de privacy. Op een dag landt dan de volgende dwingende veiligheidsrichtlijn of -verordening bij de nationale parlementen, en de politici halen hun schouders op en verwijzen naar de omzettingsplicht. De indruk ontstaat dat we niet meer zelf kunnen beslissen hoe we in onze maatschappijen willen samenleven.

Zes vreedzame decennia hebben ervoor gezorgd dat de burgers de grondrechten niet meer beschouwen als gemeengoed dat het waard is te beschermen, maar ze abusievelijk aanzien als een verzameling privéaanspraken op bevrediging van de persoonlijke behoeften. Iedereen die zich onrechtvaardig behandeld voelt door het leven, grijpt terug naar zijn 'grondrechten' als naar een eisenpakket dat miljoenen mopperende enige kinderen Vadertje Staat voor de voeten werpen. In werkelijkheid zijn de grondrechten helemaal niet geconcipieerd als tegoedbon voor persoonlijke sociale steun, maar als een verdedigingsscherm tegen inmengingen van de staat. De individuele vrijheid wordt niet beschermd om burger X of Y te plezieren. De grondrechten zijn ordeningsprincipes voor de organisatie van een maatschappij zodat die zich in democratische processen via haar vertegenwoordigers zelf kan regeren. Het is een vergissing van het individu te geloven dat hij met de beslissingen in Brussel, Washington, Londen of Berlijn niets te maken heeft zolang er slechts sprake is van 'terroristen'. Wie zich zijn grondrechten alleen herinnert als hij zich persoonlijk geschaad voelt, heeft ofwel niet begrepen waar het om gaat ofwel hij toont zich gewoon onverantwoordelijk.

Welke waarde de grondrechten inderdaad voor ons hebben en hoeveel we te danken hebben aan de ontwikkeling ervan, raakt almaar meer in de vergetelheid. Sentimentele bestsellers verheerlijken de aristocratie; kaskrakers legitimeren foltering en het recht van de sterkste. Nu de laatste tijd het woord 'utopie' een scheldwoord is geworden, loont het de moeite na te denken over de uitspraak van Oscar Wilde dat 'vooruitgang slechts verwezenlijkte utopie' is. Nog niet eens zo lang geleden werd het idee dat alle mensen weleens evenveel waard konden zijn, als belachelijke wishful thinking afgedaan. Wij Europeanen plukken, in tegenstelling tot vele andere mensen in de wereld, de vruchten van een in vervulling gegane utopie. Nu is het aan ons om het bereikte te behouden, en een nieuw visioen, met name dat van de bescherming van de persoonlijke vrijheid in het communicatietijdperk, volledig te realiseren.

Derde hoofdstuk: sprookje van degenen die eropuit trokken om het griezelen aan te leren*

Veiligheid is de eerste oorzaak van het ongeluk.
Duits spreekwoord

We waren bang. 's Morgens werden we wakker, dachten aan het IJzeren Gordijn en vroegen ons af welk kwaad er tegen ons werd bekokstoofd. De kranten brachten verslag uit over jongeren die zich zo veel zorgen maakten dat ze niet meer konden slapen. Honderdduizenden mensen gingen de straat op om tegen de atoomwapens te betogen.

We leefden in de vaste overtuiging dat ons land bij het uitbreken van een derde, waarschijnlijk nucleaire wereldoorlog een slagveld zou worden. Op school leerden we dat we bij gifgasaanvallen een washandje met bakpoeder tegen ons gezicht moesten houden. Welgestelde families bouwden de kelders van hun villa's om en hamsterden er conservenblikken en melkpoeder. In films en romans werd vooruitgelopen op de nucleaire vernietiging van de wereld. Zeker na het uitbreken van de Cubacrisis vreesden veel mensen dat ze de eenentwintigste eeuw niet meer zouden beleven.

Kan vandaag zich nog iemand dat levensgevoel herinneren? Wanneer de onheilsprofeten in 2009 het einde van de westerse beschaving voorspellen en het hebben over de massale bedreiging van onze cultuur door zelfmoordterroristen – denkt er dan nog iemand aan hoe men zich voelde toen de Amerikaanse en Sovjet-Russische atoomraketten op Duitse bodem stonden?

---

* De auteurs verwijzen naar Grimm: 'Sprookje van iemand die eropuit trok om te leren griezelen', *Märchen von einem der auszog, das Fürchten zu lernen* (noot v.d. vert.).

Met de Wende in 1989/90 heeft zich voor ons een beslissende verandering voorgedaan. Ons land is niet langer een potentieel slagveld voor een mogelijke wereldoorlog. Twee brutaal gedeelde Duitse staten zijn opnieuw één geworden. Een decennium lang hebben veel mensen gehoopt dat dit in de hele wereld tot iets beters zou leiden. De ineenstorting van het bloksysteem bood een unieke kans om de wereld te ordenen volgens een systeem dat gebaseerd kon zijn op vrijwillige uitwisseling en onderhandelingen in plaats van op afschrikking en algemene angst voor vernietiging. Na de Koude Oorlog kon overal een vermindering van de militaire uitgaven worden vastgesteld – die trend eindigde echter al in 1998. Sindsdien zijn ze opnieuw gestegen, met 45 procent. In 2004 bereikten de wereldwijde militaire uitgaven bijna 1000 miljard dollar; haast de helft daarvan was voor rekening van de Amerikanen. Duitsland, dat qua bewapeningsuitgaven weliswaar 'slechts' op de zesde plaats staat, is toch de derde grootste wapenexporteur ter wereld.

Een motor voor de herbewapening is de 'oorlog tegen de terreur' *(War on Terror)*. Typisch voor die oorlog is dat hij niet wordt gevoerd tegen een concrete vijand maar tegen een fenomeen. Bijgevolg gaat het om een metafysische oorlog, want een reële oorlog kan gericht zijn tegen mensen en staten, tegen huizen en fabrieken, maar niet tegen het kwaad op zich. De politieke en politionele aanpak van terroristische aanslagen wordt op een retorische manier opgevoerd tot een 'oorlog tegen het terrorisme' om de publieke opinie voor te bereiden op een permanente uitzonderingstoestand.

Vroeger was 'terreur' een staatspraktijk die door filosofen zoals Thomas Hobbes als legitiem werd beschouwd. Ze diende om het volk vrees aan te jagen en op die manier volgzaam te maken. In de tijd van de Franse Revolutie zette de Nationale Conventie vanaf 1793 de Terreur of het Schrikbewind in als staatsdoctrine tegen contrarevolutionairen, terechtstellingen en arrestaties dus. Later werd het begrip vooral kritisch gebruikt, bijvoorbeeld voor de stalinistische terreur of de terreur van de nationaal-socialistische ss. Het ging daarbij steeds om het optreden van de staat tegen individuen.

Dat is nu omgekeerd. Intussen wordt 'terreur/terrorisme' beschouwd als een fenomeen dat uitgaat van individuen en de staat bedreigt; het begrip heeft dus een nieuwe betekenis gekregen. Een staat die de terreur bestrijdt, kan zich met andere woorden niet zelf schuldig maken aan terreur. Hij handelt in zekere zin uit wettige zelfverdediging, zelfs als hij een half miljoen Irakezen op zijn geweten heeft. Op die wijze dient de 'oorlog tegen de terreur' als raamvertelling voor conflicten overal ter wereld en rechtvaardigt hij haast elke daad. Of we nu piraten in Somalië bestrijden of dictaturen in Centraal-Azië steunen – om het even wat politiek opportuun lijkt, kan met deze oorlog worden gerechtvaardigd.

Het einde is niet in zicht, integendeel. Dit is een oorlog voor de eeuwigheid. Wie meent dat dit een overdrijving is, moet maar eens lezen wat Donald Rumsfeld, de vroegere Amerikaanse minister van Defensie, al op 20 september 2001 verklaarde:

'Wat zou een overwinning zijn? Ik denk dat het een overwinning zou zijn als we het Amerikaanse volk ervan kunnen overtuigen dat dit geen snelle aangelegenheid is, die binnen een maand of een jaar of zelfs vijf jaar voorbij zal zijn. Het is iets wat we in een wereld met machtige wapens en mensen die bereid zijn die wapens te gebruiken voortdurend moeten doen.'

Een oorlogszuchtig perpetuum mobile dus, een permanente uitzonderingstoestand, die uitzonderingswetten rechtvaardigt. Het begrip 'oorlog tegen de terreur' suggereert dat het om een puur militair conflict gaat, dat niets te maken heeft met de sociale en politieke feiten in de wereld, reden waarom de vijand uitsluitend kan worden gebombardeerd naar het stenen tijdperk en niet bijvoorbeeld als partner of zelfs vriend zou kunnen worden gewonnen.

Ondanks die remilitarisering gingen ook heel wat hoopvolle verwachtingen volledig in vervulling na 1989/90; andere zouden nog kunnen worden verwezenlijkt. De zo verguisde globalisering biedt culturele en technologische kansen voor een internationale toenadering. Het internet is een decentraal georganiseerd platform met een enorm potentieel voor uitwisseling en organisatie, ook om tot dusver achtergestelde mensen te helpen. Politieke spanningen worden door internationale handelsbetrekkingen omzeild, en het wapengekletter van toen heeft plaatsgemaakt voor een geraffineerd kat-en-muisspel op internationale conferenties.

Alles welbeschouwd beleven wij Midden-Europeanen historisch unieke vreedzame tijden. We hebben alle reden om die vrede naar waarde te schatten en onze ervaringen te gebruiken om ze te behouden. Uit de jongste decennia Europese geschiedenis kan men een simpele maar belangrijke conclusie trekken: veiligheid ontstaat niet door confrontatie, maar door samenwerking. In plaats van die regel ook buiten de Europese grenzen in ere te houden, verkondigen politici en 'experts' luidkeels dat de wereld chaotisch is geworden (alsof hij in vroegere tijden overzichtelijk en ordelijk was). De 'bedreiging' van ons land en van elk van ons zou groter zijn dan ooit tevoren (in vergelijking bijvoorbeeld met de nucleaire dreiging een paar decennia geleden?). De dreigende slogan 'Clash of Civilizations' (botsing der culturen) klinkt in het Duits nog dreigender: 'Kampf der Kulturen'. Politici en media verspreiden de indruk dat niet alleen onze landen, nee, ons hele 'cultuurgebied' en ons 'waardenstelsel' door vijandelijke machten wordt aangevallen. Daar is hij weer, onze zelfgemaakte Star Wars: goed tegen kwaad, zwart tegen wit. Een nieuwe, onzichtbare grens verdeelt de wereld in twee helften. Niet langer het communisme tegen het kapitalisme, maar het Morgenland tegen het Avondland. De demoniseringen, de collectief gelurkte cocktails van ongenuanceerde oordelen, propaganda en polemiek zijn dezelfde gebleven. Allemaal in de beste der wereldordes. De Koude Oorlog is overgegaan in een Hete Vrede – niet als onvermijdelijk gevolg van de gebeurtenissen, maar als gevolg van een retorische hysterie.

In het dagelijkse leven van het individu krijgt dat nieuwe subjectieve onveiligheidsgevoel merkwaardige trekjes. Op de luchthaven trekken we onze schoenen en riemen uit en wachten des te langer als er voor ons in de rij een man met een Arabische achternaam of oosterse gezichtstrekken staat. Onze nagelschaartjes zijn overgegaan in het bezit van de Star Alliance. Tienduizenden vliegtuigpassagiers (onder wie personaliteiten zoals de Amerikaanse senator Edward Kennedy of Nelson Mandela) werden abusievelijk op het lijstje van terreurverdachten gezet en mochten niet op het vliegtuig dat ze wilden nemen. In het journaal horen we altijd weer dezelfde berichten uit Irak en Afghanistan, en we zijn er allang mee gestopt de doden te tellen. Eisen en vragen waarvan we dachten dat ze allang tot de geschiedenis behoorden, krijgen een renaissance: dat Duitsland een *Leitkultur* nodig heeft. Hoeveel religieuze symbolen het lichaam van een leraar verdraagt. Of ons waardensysteem wel weerbaar genoeg is.

Dat alles is het gevolg van het feit dat de binnenlandse politiek intussen een soort landsverdediging is geworden. Het gaat niet meer om de vraag óf het op een dag tot een nucleaire terreuraanslag zal komen, heette het bij minister van Binnenlandse Zaken Schäuble, maar wannéér. En met het oog op dit soort bedreigingen zou zijn staatssecretaris August Hanning mensen zelfs op het toilet laten bespioneren. Terwijl de misdaadcijfers in het land dalen en er een relatief ontspannen klimaat tussen de grootmachten heerst, wordt er geleuterd alsof de wereld elk moment kan vergaan.

Natuurlijk komen daarin symptomen van een algemene onzekerheid tot uitdrukking. Maar is die onzekerheid niet veeleer het gevolg van een overgangstoestand waarin de wereld na 1989/90 opnieuw moet worden geordend, terwijl hij zich tegelijk moet bezighouden met problemen zoals de financiële crisis, de ecologische vernietiging en de voortdurende instabiliteit van vele regio's? Waarom worden verregaande reorganisatiemaatregelen in politiek en maatschappij juist met het argument 'terroristische dreiging' gerechtvaardigd?

Het begrip 'terroristische dreiging' krijgen we intussen al op een vanzelfsprekende manier over onze lippen. Wie er officieel vragen bij wil stellen, loopt het gevaar voor compleet naïef te worden versleten of zelf als verdacht te worden beschouwd. Laten we de 'terroristische dreiging' toch maar eens onder de loep nemen. Onder een 'dreiging' verstaan juristen het in het vooruitzicht stellen van een toekomstig kwaad. Het kwaad dat het terrorisme direct in het vooruitzicht stelt, zijn de slachtoffers van mogelijke aanslagen. Hoe erg de gevolgen voor elke getroffen persoon afzonderlijk ook zijn – als men de slachtofferaantallen van aanslagen statistisch vergelijkt met die van het verkeer (elk jaar in Duitsland zo'n 5.000), die van hittegolven (alleen al in de zomer van 2003 waren er 9.000 doden), van de griep (elk jaar 15.000) of van de verkeerde toediening van medicijnen in ziekenhuizen (sinds 2001 zegge en schrijve 50.000 mensen), kun je moeilijk op het idee komen dat het terrorisme de grootste bedreiging van onze veiligheid is.

De speciale verschrikking van het terrorisme bestaat erin dat het zich bedient van politiek gemotiveerd geweld in de ruimste zin van het woord. Dat wil zeggen: er zit betekenis achter een terroristische misdaad. Een aanslag moet het hebben van zijn symbolische gehalte. De aanval op het World Trade Center was niet alleen een massamoord op zo'n 3.000 mensen, maar ook een metafoor voor de gewenste ondergang van de VS of meteen de hele 'westerse wereld'.

En hier heeft een fataal misverstand zijn intrede gedaan. De boodschap van dit soort aanslagen luidt niet: 'We zullen jullie vernietigen.' Ze luidt: 'We dagen jullie tot zelfvernietiging uit.' Waarom dat zo is? Omdat het terrorisme alleen ons geen duurzame schade kan berokkenen. Geen land ter wereld is ooit door aanslagen als die van het 'islamterrorisme' in het verderf gestort; geen enkele regering werd op die manier afgezet. Terroristen hebben niet de macht onze rechtsstaat te verpletteren, onze waarden af te schaffen en onze maatschappelijke en levensvormen te veranderen. Ze kunnen ons alleen provoceren om dat zelf te doen. Ze hebben onze medewerking nodig. Ze bedreigen ons met gevolgen die alleen wijzelf ons kunnen aandoen.

Want achter de terroristen staat geen vijandige 'islamwereld' die van plan is de oorlog van de religieuze monolieten op te warmen. Op de keper beschouwd kan niemand uitleggen wat er precies bedoeld wordt met die gevaarlijke 'islamwereld'. Wie behoort ertoe? Bestaat de 'islamwereld' uit mensen die in de islam geloven en in Europese landen leven? Of worden de inwoners van Egypte ermee bedoeld die ons tijdens onze vakantie aan de Rode Zee een colaatje serveren? Of Saoedi's, die ons voorzien van de olie voor onze motoren? In werkelijkheid wordt de diffuse 'islamwereld', voor zover ze al een gevaar zou vormen, door iets even diffuus gedefinieerd, namelijk door 'terroristen', 'terreurgroepen', 'slapercellen', 'islamitische cellen'.

Als u juist geconditioneerd bent door de massamedia, roept u nu verontwaardigd: 'Maar nee! We worden bedreigd door een gevaarlijk internationaal netwerk dat Al-Qaida heet! Het terrorisme wordt toch gesteund door een hele reeks landen, door Irak, Iran, Syrië en wie weet wie intussen nog allemaal bij de "as van het kwaad" hoort!'

De concrete resultaten van het speurwerk moeten dan echter maar eens worden bekeken: wat zeggen ze over de operatieve kracht van Al-Qaida? Behalve sonore videoboodschappen van slechte beeldkwaliteit zijn er vooral sympathisanten die over de halve wereldbol reizen om een nachtkijker, een kogelvrij vest of een laptop aan de moslimstrijders te overhandigen. Moeizaam worden geldbedragen van gemiddeld zo'n 4.000 euro naar het Pakistaanse grensgebied gebracht. In garages worden gebruiksaanwijzingen voor bommen van het internet gedownload. De gepubliceerde details over de terroristische activiteiten wijzen niet bepaald op het grote plan van een almachtige tegenstander. Ook de massavernietigingswapens, die de aanleiding waren voor de aanval van George W. Bush op Irak, zijn er, zoals intussen genoegzaam bekend, nooit geweest.

Maar die opleidingskampen dan, die door de oorlog in Afghanistan tot net over de Pakistaanse grens werden gedrongen? Die bestaan in ieder geval. Misschien zelfs wel als een hele paramilitaire opleidingsindustrie. We weten dat de RAF-terroristen al met wapens leerden omgaan in Jemen. Maar de vraag blijft welke macht het terrorisme op zichzelf kan hebben, welke concrete bedreiging het betekent.

Opnieuw zult u volgens het heersende taboe hiertegen inbrengen: 'Dat is een stuitende bagatellisering van acute gevaren. In New York, Londen, Madrid, Bali en Bombay hebben we gezien wat terroristen kunnen aanrichten, en iets dergelijks zou ook bij ons kunnen gebeuren.'

Dat klopt. Niemand zal ontkennen dat er mensen omkomen door aanslagen en dat die aanslagen overal kunnen gebeuren, ook in een land als Duitsland, dat troepen gestationeerd heeft in Afghanistan. Maar de poging om verbanden te ontdoen van hun retorische opdrijving is nog lang geen 'bagatellisering'. Het is beslist opportuun om dodelijke terreuraanslagen zo veel mogelijk te willen verhinderen. Dat geldt evengoed voor kettingbotsingen, vliegtuigcrashes, amokpartijen, instortende sporthallen, reactorongevallen, stormvloeden, AIDS en dodelijke griepepidemieën. De 'terroristische bedreiging' die verder reikt dan concrete gevaren is echter een fictief decor dat pas door onze panische reactie erop realiteit kan worden.

Wat doen we als er een trein ontspoort en er zestig mensen sterven? We kijken naar het ongeval op het journaal, zijn verbijsterd, rouwen met de familie van de slachtoffers. Heel terecht rijst de vraag naar de verantwoordelijkheid en wordt er geprobeerd van eventuele fouten te leren voor de toekomst. Na een poosje gaan we over tot de orde van de dag. Niet omdat we harteloos zijn, maar omdat we ons verstand gebruiken.

Vanuit een pragmatisch oogpunt zijn terroristen geen krijgers van een 'Clash of Civilizations'. Ze zijn misdadigers die moeten worden opgespoord en gestraft. De jacht op hen en op de mensen die achter de schermen opereren heet 'strafvervolging' of 'internationale opsporing' – niet 'zelfverdediging'. De aanslagen zijn zware misdaden en voor de slachtoffers tragische catastrofes; ze zijn wellicht ook dragers van een politieke boodschap – maar ze zijn geenszins 'oorlogsverklaringen' die aanleiding zouden zijn voor militaire confrontaties tussen staten. Het terrorisme is een supranationaal verschijnsel dat overigens niet voor het eerst op 11 september 2001 werd waargenomen. Als de plegers van aanslagen worden beschouwd als kruisridders van de islam, verleent men hun een religieuze waarde die ze niet verdienen. Door hun dat etiket op te plakken, beledigt men het overgrote deel van de moslims. De geldende wetten aan alle kanten van de 'cultuurstrijd' behandelen terroristen als misdadigers. Men had alle politieke inspanningen meteen moeten richten op het bereiken van een mondiale, identieke aanpak in die zin. Dan was duidelijk geworden dat het terrorisme ons op net dezelfde manier bedreigt als andere zware misdaden. Wat bedreigd wordt, zijn concrete rechtsgoederen, en in het ergste geval het leven van de slachtoffers. Wat niet bedreigd wordt, zijn onze 'waarden', onze maatschappij en onze identiteit.

De fronten tussen wereldbeschouwingen lopen in werkelijkheid dwars door religieuze, culturele of geografische categoriseringen. Als er al sprake zou zijn van een 'strijd tussen culturen', dan is het zeker geen controverse tussen de islamitische en de christelijke wereld, maar gaat het veeleer om verschillende antwoorden op de vraag volgens welke principes mensen op deze dichtbevolkte planeet willen samenleven. Binnen al die culturen zijn telkens zowel tegen- als voorstanders van tolerantie en vrijheid te vinden.

Het 'islamterrorisme' bloeit tegen de achtergrond van een wereldbeschouwing die niets moet hebben van mensenrechten en vrijheidslievende parlementaire democratie. Terecht hebben onze maatschappijen zich afgekeerd van de theocratie, wij scheiden kerk en staat, wijzen kastijding en foltering af, en werken al decennialang aan de gelijke behandeling van man en vrouw. Die verworvenheden willen we behouden en verdedigen, maar niet tegen 'de islamwereld', wel binnen een grensoverschrijdende gemeenschap van mensen die willen samenleven volgens vrijheidslievende en vreedzame principes. Dat doel bereik je niet door retorische en politieke barrières op te werpen en de wereld op te delen in 'die daar' en 'wij hier'. Je bereikt het evenmin door waarden af te bouwen die je eigenlijk zou moeten beschermen, om je preventief te verdedigen tegen het illusoire gevaar van een islamitisch-extremistische indoctrinatie. De strijd tegen ideeën die vijandig staan tegenover de vrijheid kun je niet winnen met wapens, strengere wetten en het creëren van vijandbeelden, je wint hem alleen door een intellectuele aanpak: onderwijs, gesprek en culturele uitwisseling. Het is altijd fout allianties te willen smeden door middel van schetsmatige identiteiten. Veel zinvoller is het overal op zoek te gaan naar vertegenwoordigers van liberale wereldbeschouwingen en hun inspanningen te steunen. En net zo goed moeten ook overal tendensen die de democratie bedreigen kritisch worden ontmaskerd – of die nu tot uitdrukking komen in agressieve reacties op Mohammedcartoons dan wel in het verlagen van de grondrechtenstandaard omwille van de 'binnenlandse veiligheid'.

Wie met dit soort argumenten komt, krijgt het verwijt laf te zijn en onze democratie niet te willen verdedigen. Maar wie is er in feite laf: degene die uit angst voor terroristen delen van de grondwet wil veranderen, of degene die vasthoudt aan zijn overtuiging en gelooft in het uithoudingsvermogen van onze rechtsstaat? De vraag is niet of democratie en vrijheid moeten worden verdedigd, wel op welke manier en tegen wie.

Ons land wordt op dit moment niet bedreigd door het terrorisme, maar door de bereidheid ons te laten intimideren door het terrorisme, en de poging om de 'terroristische bedreiging' te instrumentaliseren om autoritaire structuren in te voeren.

Als het inderdaad zo is dat terroristen zich geprovoceerd voelen door onze op vrijheid gebaseerde identiteit, dan gedragen alle mensen die deze vrijheid vanwege de terroristen willen inperken zich in feite als hun handlangers. Zolang het terrorisme zich niet manifesteert in een leger dat richting Berlijn marcheert, is het inzetten van soldaten in het binnenland geen verdediging van de rechtsstaat, maar een aanval erop.

Wie wil inschatten welke bedreiging er uitgaat niet van het terrorisme maar van de reacties erop, moet maar eens een blik over de oceaan werpen. Van rockmuziek tot rookverbod, al decennialang waaien maatschappelijke veranderingen van de Verenigde Staten naar ons toe. Dat dit in een almaar sneller tempo gebeurt, werd andermaal duidelijk met de financiële crisis. Met politieke tendensen is het niet anders. Kijken we nog maar eens naar de 'vijandelijke strijder', die onder Barack Obama niet meer zo mag heten. Los van de begripskwestie wil ook de nieuwe Amerikaanse regering vermoedelijke 'sympathisanten' van het terrorisme volgens het oorlogsrecht over de hele wereld kunnen oppakken. Dat betekent dat om het even welke passagier tijdens een overstap op een luchthaven kan worden gearresteerd. Men kan hem blinddoeken en een koptelefoon opzetten en hem maanden- of zelfs jarenlang laten verdwijnen in een isoleercel. Er mogen 'harde verhoormethoden' tegen hem of haar worden gebruikt, waaronder folterpraktijken zoals 'waterboarding' of het onophoudelijk met oorverdovend geluid overspoelen van een cel. Voor een 'sympathisant van het terrorisme' geldt de Conventie van Genève niet, hoewel er toch eigenlijk een 'oorlog tegen het terrorisme' wordt gevoerd. Misschien heet deze nieuwe oorlog 'asymmetrisch' omdat de vijand wordt uitgesloten uit het geldende rechtsysteem: hij krijgt geen misdadigersstatuut maar evenmin dat van een soldaat, zodat noch het strafwetboek noch de Conventie van Genève op hem van toepassing is. Dat leidt ons regelrecht naar Abu Ghraib en Guantánamo en dus naar de barbarij.

Dát is bedreigend. U denkt dat bij ons niemand iets dergelijks van plan is? De cynische tegenvraag luidt wie er nog iets op tegen zou hebben. Ook bij ons wordt er hardop gepraat over de invoering van een *Feindrecht* en van 'levensreddende foltering' tegen terroristen. Niet door gekken, maar door gerespecteerde juristen (hierover meer in het tiende hoofdstuk). Momenteel lijkt het erop dat niet het aansteken van de lont van een 'smerige bom', maar veeleer het einde van de rechtsstaat niet een kwestie is van óf maar van wannéér.

Vierde hoofdstuk: weet u het zeker?

Angst alleen zorgt niet voor duurzame vrede.
Karl Jaspers

Er bestaat op deze planeet geen toestand van volkomen zekerheid, tenzij je de dood als een zekere aangelegenheid beschouwt. Of, zoals een populair graffito luidt: 'Het is zeker dat er niets zeker is. En zelfs dat niet.' Leven is toegepaste onzekerheid. Elke dag nemen we risico's, in het verkeer, op het werk, in de omgang met onze medemensen, als we eten. Als we onze angsten de vrije loop lieten, zouden we niet meer in staat zijn om te handelen. Juist activiteiten die we bijzonder graag doen omdat ze onze levenskwaliteit verhogen, gaan vaak met een hoog risico gepaard. In onze vrije tijd springen we van besneeuwde hellingen of van rotsen, razen we tegen 200 kilometer per uur over de autoweg, reizen we naar ongezonde landen en criminele steden. De moedigste kerel van allemaal is statistisch gesproken de man die in huis werkt – een kolossale waaghals als je rekening houdt met de hoge waarschijnlijkheidsgraad dat hij zich in het eigen huishouden verwondt of zelfs omkomt bij een dodelijk ongeval. In ons alledaagse leven sublimeren we op een soevereine manier de risico's waaraan we ons voortdurend blootstellen, en storten we ons met bravoure in gevaren.

Toch is 'veiligheid' een uitverkoren slogan geworden in het politieke debat. Eén op de twee maatregelen wordt gemotiveerd met een verwijzing naar onze 'veiligheid'. Auto's moeten op klaarlichte dag met de lichten aan rijden, wat nadelig is voor het milieu en de portemonnee maar de kassa's van de lampenproducenten laat rinkelen: *veiligheid*. De naaktscanner op de luchthaven moet röntgenopnamen maken van vierkante schedels en kromme benen: *veiligheid*. Honden aan de lijn, rokers voor de deur, computerspelen op de index: *veiligheid*. De zogenaamd beschermde burger is de gereguleerde burger.

Met dit doel wil de staat zo veel mogelijk over zijn burgers weten, om hen zo efficiënt mogelijk te kunnen beschermen tegen alle denkbare bedreigingen. Waarom ook niet? Als je er even over nadenkt, kom je dan niet onvermijdelijk tot de slotsom dat juist de grondige geïnformeerdheid van de overheid ons ervoor behoedt het slachtoffer te worden van een politionele of gerechtelijke dwaling? Want een staat die alles weet zal toch niet per vergissing een onschuldige vervolgen. En dus moeten de goeden onder de kwaden lijden, want zij hebben niets te vrezen, en de vrijheidsrechten mogen tenslotte geen mensen met misdadige bedoelingen bevoordelen.

'Als je het zo bekijkt' en 'eigenlijk' zit er iets in, vindt u ook niet? Hoe langer u erover nadenkt, hoe meer een wereld waarin u niet langer bedreigd wordt door misdadigers, lichtzinnigen en gezondheidsrisico's u als het paradijs op aarde voorkomt. En daarvoor zou u dan ook bereid zijn de prijs van een alomvattende staatscontrole te betalen.

Weet u het zeker?

Laten we er eens van uitgaan dat misdaden wel degelijk over de hele lijn kunnen worden bestreden met controle en andere preventieve maatregelen van de staat. Eerst zouden terrorisme, moord en doodslag worden afgeschaft. Gedurende een tijdje zou u zich opgelucht voelen, daarna zou u de georganiseerde misdaad weer te binnen schieten die het land slapeloze nachten bezorgde voor die werd afgelost door het terrorisme. Drugskartels, maffiafamilies, mensensmokkelbendes – weg daarmee. Nog wat later zou u in de krant lezen hoeveel verkrachtingen en roofovervallen er dit jaar werden gepleegd en hoeveel zware lichamelijke letsels werden toegebracht. Beangstigend. Onverdraaglijk. En niet te vergeten de alle perken te buiten gaande fiscale fraude, waardoor de staat in zijn bestaan wordt bedreigd. Voldoende redenen voor meer, steeds verder gaande maatregelen. En wat met kinderontvoeringen? Wat betekent de diefstal van 1.000

euro voor een oude vrouw die op elke cent is aangewezen? Kan men zijn achtjarige dochter met een gerust hart naar school laten gaan zolang verkeersovertreders met een vaart van tachtig kilometer per uur door woongebieden razen? Fiscale fraudeurs, dieven, verkeersgekken – allemaal uitschakelen. Zou u dan veilig zijn? Misschien. Zou u zich veiliger voelen? Waarschijnlijk niet.

Bedreiging is subjectief en daarmee ook relatief. Ze wordt niet bepaald in verhouding tot een of ander meetbaar gevarenpotentieel, maar aan de hand van de risico's die ieder van ons waarneemt. In een toenemend veiligere wereld richt de angst zich op steeds kleinere of steeds onwaarschijnlijkere scenario's. Terwijl bijvoorbeeld de misdaad in Duitsland op het vlak van zware delicten zoals moord, doodslag en verkrachting al jarenlang daalt, zijn de mensen notoir van het tegendeel overtuigd en zeggen ze in opiniepeilingen dat ze zich almaar meer door zware misdaden bedreigd voelen. Dat voelde ook Donald Rumsfeld, de Amerikaanse voormalig minister van Defensie, zo aan:

'We hoeven vandaag minder angst te hebben voor een grote kernoorlog (…) en toch zijn we kwetsbaarder geworden door bommen in koffers …'

Grote kernoorlog versus kofferbom: door deze uitspraak wordt duidelijk dat veiligheid niets meer te maken heeft met de omvang van reële gevaren. Veiligheid is geen feit, maar een gevoel. Wie de voorbije jaren de hysterie in de massamedia in verband met BSE, vogelgriep en natuurlijk steeds weer terrorisme wat heeft gevolgd, zal niet op het idee komen dat men de wereld vandaag als veiliger aanvoelt dan honderd jaar geleden. En toen stonden de mensen twee wereldoorlogen te wachten, om nog maar te zwijgen van de Spaanse griep, die 25 miljoen slachtoffers maakte.

Wanneer politici dus beweren dat ze 'veiligheid' willen garanderen voor de burgers, voeden ze een gevaarlijke vergissing. 'Wij willen dat u veilig leeft!' luidt het op een reclameaffiche voor de politiek in de metrostations. Maar wanneer zou je veilig zijn? Als er geen terroristen meer waren? Of geen ziektes? Als je het huis niet meer uit kwam? Als je elke maand 3.000 euro staatspensioen kreeg? Als geen enkele vriend je zou verraden, geen enkele geliefde je zou kwetsen? Of als de dood eindelijk werd afgeschaft?

Veiligheid is niet maakbaar, omdat geen enkel risico volledig kan worden uitgeschakeld. We weten dat in feite allemaal. Maar we vergeten het meteen zodra politici en journalisten ons het volgende horrorscenario voorspiegelen. We weten dat we naar alle berekenbare waarschijnlijkheid eerder een onnatuurlijke dood zullen sterven als we het bad schoonmaken of ons in het verkeer begeven. Toch krijgen we geen kippevel bij het zien van onze badkamer of auto. Autoproducenten worden niet bewaakt door de politie, hoewel het statistisch gezien veel meer voor de hand zou liggen een 'oorlog tegen het internationale wegverkeer' af te kondigen.

Het ligt in de aard van de mens dat hij banger is voor onwaarschijnlijke gebeurtenissen dan voor waarschijnlijke. We zijn het meest bang voor dingen die ons zelden of nooit overkomen en die we dus niet kunnen inschatten. Dat is ook goed. Er is een theorie die zegt dat de evolutie ons dit misverstand door training heeft aangeleerd. Het zou nuttiger zijn voor de overleving dat je het risico van situaties verkeerd inschat. Anders zouden we nooit meer in een auto stappen of een trap af lopen. Om het leven te blijven aankunnen is het belangrijk 'geen gevoel' voor waarschijnlijkheden te hebben, in ieder geval niet het juiste.

Dat we dat niet hebben, kunnen we makkelijk aan den lijve nagaan. Hoe hoog schat u op een feestje met een veertigtal gasten de waarschijnlijkheid in dat twee van deze mensen op dezelfde dag jarig zijn? Tien procent? Of maar vijf? Ze bedraagt haast negentig procent, en het zou dus de moeite waard zijn om hierover een weddenschap aan te gaan. Had u niet gedacht? Juist. Hoe hoog ligt sinds 11 september de waarschijnlijkheid dat u het slachtoffer van een terroristische aanslag wordt? 0,01 procent? Minder? Meer? Zelfs als we ervan uitgingen dat de man die in 2006 koffers met bommen in treinen vanuit Keulen plaatste zijn actie met succes had kunnen uitvoeren, komt het risico neer op één op vier miljoen. Het is zeven keer waarschijnlijker als kind te verdrinken. Natuurlijk komt niemand op het idee om zwembaden of zwemvijvers te verbieden. Maar 76 procent van de Duitsers zegt bang te zijn het slachtoffer van een terroristische aanslag te worden.

Moed, durf, koelbloedigheid zijn waarden die elke menselijke maatschappij hoog in het vaandel draagt – soms meer, soms minder. Waar is de lafaard een voorbeeld? Kijken we even naar onze taal. Wie het aan moed ontbreekt, wordt flink belachelijk gemaakt: angsthaas, schijtlaars, pantoffelheld, bloodaard, held op sokken, melkmuil, lafbek, labbekak, schijtebroek, flapdrol, durfniet, blode Jan, hazehart. Geen twijfel mogelijk, we waarderen moed, en terecht. Angst is – in tegenstelling tot de nuttige voorzichtigheid – een van de grootste gesels voor de mensheid. Als hij zich eenmaal heeft genesteld, dan begint hij te woekeren, verlamt hij ons en laat hij zich door verstandige woorden noch passende gebaren beteugelen. Wie ooit een mens heeft gezien die in paniek raakt omdat er een giftig insect over zijn voet kruipt, weet dat we uit angst – en tegen ons eigen belang in – wild om ons heen slaan en ons daardoor alleen nog meer in gevaar brengen.

Het schijnbaar onoverzichtelijk en onbegrijpelijk heden, en niet in het minst zijn technologische innovaties, draagt bij tot een gevoel van angst dat paradoxaal genoeg door meer techniek en bevoogding moet worden verlicht. Een typisch voorbeeld hoe de duivel met Beëlzebub wordt uitgedreven. Het gevoel van onveiligheid bestaat los van de reële bedreigingen. De inwoners van Caïro of Bombay uiten minder hun angst dan die van Hannover of Basel, juist omdat ze ervan uitgaan dat het leven geen houvast biedt, en omdat ze dus ook geen herverzekering of risico-uitschakeling verwachten.

Wie iets bij benadering objectiefs over onze veiligheid wil

vernemen, moet niet luisteren naar de veiligheidsexperts van de staat of de angstprofiteurs in de media, maar een blik werpen op de statistieken. Hij zal zien dat Duitsland elk jaar veiliger wordt, wat niet ligt aan de inspanningen van minister Schäuble maar aan de verbeterde technologie van auto's en de voortdurende daling van de criminaliteit. Natuurlijk kunnen we niet weten wat de toekomst brengt. Maar zolang de trend positief is, bestaat er werkelijk geen aanleiding voor de uitzichtloze poging om bolwerken tegen een onbekende toekomst op te richten. Concrete voorbeelden bewijzen dat maatschappelijke strategieën van toenadering, integratie, sociale gelijkschakeling en opleiding geenszins hebben gefaald, zoals onheilsprofeten verkondigen. Het zijn veeleer de successen van die strategieën die het enige ware fundament van onze veiligheid zijn geworden. Alle rationele argumenten pleiten voor het aanhouden van die koers en de weg van het verstand niet te verlaten. Om het met de woorden van Karl Popper te zeggen: 'We moeten voor vrede en niet voor veiligheid zorgen, om de eenvoudige reden dat alleen de vrede veiligheid kan waarborgen.'

Vijfde hoofdstuk: wetten die kant noch wal raken

Degenen die in het geheim de staatsaangelegenheden beheren, houden die onder hun controle, en zo zweren ze niet alleen samen tegen de vijand in oorlogstijd, maar ook tegen de burgers in vredestijd.
Baruch Spinoza, *Tractatus Politicus*

De toestand is ernstig. Er staan terroristen voor de deur – ze willen alles vernietigen wat ons lief en dierbaar is. Wie zou er dan niet hard om tegenmaatregelen roepen? Er moet toch iets worden gedaan voor onze veiligheid? En wel snel en meteen. We bewegen ons met een rotvaart richting afgrond. Het zal weldra te laat zijn.

De dagelijks opgeroepen verschrikking verhindert een rustig en zakelijk debat over zin en onzin van de voorgestelde tegenmaatregelen. Wanneer veiligheidspolitici beweren dat rasteropsporing noodzakelijk is om 'slapende terroristen' te ontmaskeren en zo een tweede '9/11' te verhinderen, stelt niemand bekrompen tegenvragen. In crisistijden gaan sceptici door voor naïef of verblind. Of slecht geïnformeerd. Tenslotte is de toestand zo ernstig dat de ware omvang van het gevaar alleen bekend is bij de geheime diensten. Om redenen van staatsveiligheid moet verdere informatie geheim blijven. Daarom weet de burger alleen dát hij bedreigd wordt, maar niet waaruit de bedreiging bestaat. Of zou u kunnen uitleggen welke vorm de terreur bij ons aanneemt? Op zo'n concrete vraag kan ieder van ons slechts vermoedens over 'netwerken' en 'Al-Qaida' mompelen. Maar we weten wel waar het in grote lijnen om gaat: onze beschaving staat op het spel. Over details moeten we ons hoofd niet breken, we moeten gewoon dankbaar zijn dat de staat ons beschermt.

Niemand anders heeft de dreigende apocalyps zo mooi onder

woorden gebracht als de Duitse minister van Binnenlandse Zaken Schäuble:

'Veel deskundigen zijn er intussen van overtuigd dat het er alleen nog om gaat wannéér er een (atoom)aanslag komt, niet meer óf. (...) Toch roep ik op tot kalmte. Het heeft geen zin dat we de tijd die ons rest ook nog bederven door ons op voorhand al het doemscenario in te denken.'

Veel deskundigen hebben dus weet van een nakende nucleaire catastrofe. Wie zijn die deskundigen? Waarom worden ze niet in het televisiejournaal geïnterviewd? Waarom komen ze niet aan bod in talkshows? Willen ze ons de brutale uitzichtloosheid besparen die zich kennelijk aan hen alleen openbaart? En roept de ijverig waarschuwende minister werkelijk op tot 'kalmte' of eerder tot de gehoorzaamheid waarmee wij de almaar toenemende bevoegdheden van de staat om in te grijpen moeten slikken?

Paradoxaal genoeg kunnen die bevoegdheden een atoomaanval sowieso niet verhinderen, als minister Schäuble en zijn deskundigen dan toch overtuigd zijn dat het in ieder geval tot zo'n aanval zal komen. En daar belanden we bij de kernvraag: hoe deugdelijk zijn de instrumenten van de terrorismebestrijding in feite? Zijn ze überhaupt wel geschikt om de waarschijnlijkheid van een aanslag te verminderen?

Niet alleen het gezond verstand eist die vraag, ook de grondwet doet dat. Overheidsmaatregelen die ingrijpen in de grondrechten zijn alleen conform de grondwet als ze het zogenaamde evenredigheidsbeginsel eerbiedigen. Daartoe behoort dat de maatregel geschikt moet zijn om het nagestreefde doel te bereiken. Voorts mag er geen enkel ander, milder middel voor het bereiken van het beoogde doel ter beschikking staan. Ondanks die grondwettelijke richtlijn wordt vaak nagelaten doel en middel van de antiterreurinstrumenten tegen elkaar af te wegen. Reeds toen de eerste wet ter bestrijding van het terrorisme door de Duitse parlementsleden in december moest worden goedgekeurd, kregen ze een ontwerp voorgeschoteld dat ze niet eens kenden, want de woordelijke inhoud van de wettekst werd hun net voor de stemming voorgelegd. Bij een dergelijke handelwijze wekt het geen verbazing dat de meeste maatregelen in de strijd tegen het terrorisme bij nadere beschouwing ineffectief blijken.

Een pregnant voorbeeld is de 'rasteropsporing'. Het systeem werd in de jaren zeventig ontwikkeld ter bestrijding van de Rote Armee Fraktion (RAF), en na 11 september opnieuw ingezet voor het opsporen van 'slapende terroristen'. Het is gericht tegen onverdachte personen van een op voorhand bepaalde groep mensen met bepaalde kenmerken. Als bijvoorbeeld het bezit van een Lamborghini strafbaar zou zijn, dan zou in dit geval in alle beschikbare openbare en privédatabanken onderzoek kunnen worden verricht naar potentiële verdachten onder de criteria 'mannelijk, blank, katholiek, leeftijd tussen 45 en 55, hoogste belastingcategorie, gescheiden'.

U vermoedt dat door zo'n vage beschrijving een grote groep mensen verdacht wordt? Juist, en die groep zal vervolgens nader worden onderzocht. U denkt dat op het einde in het beste geval één verdachte overblijft – en die rijdt dan met een Ferrari? Precies. Bij het toepassen van dit soort onderzoek in 2004 werd na de evaluatie van 8,3 miljoen records (eentiende van de hele Duitse bevolking) één gerechtelijk onderzoek ingesteld en kort daarop weer afgesloten. Al die moeite! Geen enkele keer raak na 8,3 miljoen controles – zo veel inefficiëntie kan moeilijk worden overtroffen. Wanneer politici desondanks het nut van de hele actie aanprijzen, klinkt dat (in het geval van de Hessische minister van Binnenlandse Zaken) behoorlijk fantasierijk:

'Dit onderzoek had een preventief effect. Dankzij de mediaaandacht werd het door het islamistisch potentieel als opsporings- of vervolgingsdruk aangevoeld.'

Je kunt je levendig voorstellen hoe een islamitische cel genaamd 'Hessische jihad' zich bibberend in een kelderruimte in Giessen zit te verstoppen voor de rasteropsporing – verbazingwekkend teergevoelig, die potentiële Hessische zelfmoordterroristen. Even verbazingwekkend hoe goed vertrouwd de minister is met het 'islamistische potentieel' en hun intieme zorgen.

Maar met het blindelings opsporen volgens deze methode is het voorlopig toch gedaan. Op 4 april 2006 oordeelde het Duitse Constitutioneel Hof na een klacht van een Marokkaanse student dat het scannen van de bevolking zonder concrete aanleiding in strijd is met de grondwet.

Een ander lievelingsinstrument van de terroristenjagers is het elektronisch paspoort. In de nieuwe *biometrische reispassen* worden behalve gedigitaliseerde foto's ook de vingerafdrukken van de eigenaars opgeslagen. Dit procedé moet het terroristen moeilijker maken valse passen te gebruiken. Die op het eerste gezicht plausibele motivering blijkt echter merkwaardig als je bedenkt dat in een tijdsspanne van vijf jaar (2001 tot 2006) niet meer dan zes valse paspoorten van het oude model in omloop kwamen. Behalve die zes is er geen enkel ander geval bekend waarin terroristen een valse pas bij zich hadden.

Men bezweert ons dat het de overheid er geenszins om te doen is alle burgers op een dag op te nemen in een alomvattend misdaadregister, maar dat kan gezien de feiten slechts als een platte leugen worden beschouwd. Want de Europese Unie (die ook heeft besloten tot de invoering van het e-paspoort) werkt allang aan dit project. In een centrale databank in Brussel moeten de vingerafdrukken van alle EU-burgers worden opgeslagen. Men mag nu al beginnen te wedden hoelang het zal duren voor de EU op haar beproefde onopvallende manier haar project heeft gerealiseerd en de Duitse regering nog maar eens schijnheilig de schouders optrekt: 'Wij moeten jammer genoeg de richtlijnen uit Brussel volgen!'

Een van de ingrijpendste maatregelen voor de burger is de *telefoontap*. In 2007 werden in Duitsland in het kader van de strafvervolging voor zo'n 44.000 nummers (ongeveer 39.000 mobiele en 5.000 vaste) afluisterbevelen uitgevoerd. Men schat dat hierbij twee à vier miljoen burgers betrokken waren. Die tendens was voor de voormalig rechter van het Constitutioneel Hof Jürgen Kühling in zijn verslag van 2003 al aanleiding om te concluderen dat men het telefoongeheim 'rustig als total loss kan afschrijven nu intussen letterlijk elk telefoongesprek wordt afgeluisterd, door – in mindere mate – wettelijke maatregelen van overheden, ofwel door – uitgebreid – buitenlandse veiligheidsdiensten.' De ontwikkeling van de laatste jaren heeft de inschatting van die rechter alleen maar bevestigd.

Maar welke misdadiger, laat staan terrorist, zou vandaag nog zo dom zijn om een begane of geplande misdaad per telefoon te bespreken? Tenslotte is het 'islamistische potentieel' dankzij de media-aandacht al gewaarschuwd. Op een officiële vraag van twee groene parlementsleden in hoeverre 'het hoger aantal telefoontapopdrachten ook geleid heeft tot een hoger aantal geslaagde operaties op het vlak van misdaadbestrijding' antwoordde het ministerie van Justitie van de deelstaat Baden-Württemberg onnavolgbaar speculatief:

'Betrouwbare statistische gegevens op basis waarvan de vraag naar de oorzakelijkheid kan worden beantwoord zijn niet beschikbaar. De regering is ook van mening dat deze niet zinvol kunnen worden verzameld.'

Nou ja: een studie van het Max Planck Instituut uit 2003 kwam tot het besluit dat telefoontap in 17 procent van de gevallen tot successen leidde. In vergelijking met de rasteropsporing in ieder geval een bepaald voorbeeldig resultaat. Toch laat ook deze studie in het onzekere in hoeverre het bij de onderzochte zaken om terrorismebestrijding ging. Of verdere uitbreiding van de controlebevoegdheden vooral inzake preventie inderdaad kan helpen bij het voorkomen van terroristische aanslagen, zoals de veiligheidspolitici als gebedsmolentjes herhalen, is nooit substantieel bewezen. Toch lijkt het devies ook voor de toekomst: ogen dicht, zo doorgaan en hopen dat het Constitutioneel Hof niet ingrijpt. De politiewet van Nedersaksen werd vanwege de invoering van preventieve afluisterbevoegdheden al door de rechters in Karlsruhe vernietigd.

De belangrijkste twistappel in het recente veiligheidsdebat is de *onlineopsporing*. Een eerste poging om het wettelijk mogelijk te maken via het internet inzage te krijgen in privécomputerbestanden, werd – verrassing! – gedumpt door het Constitutioneel Hof. Het daaropvolgende debat over het nieuwe lievelingsinstrument van de politie werd vooral gekenmerkt door het absolute gebrek aan kennis waarmee alle protagonisten te kijk liepen. Vooral Jörg Ziercke, het hoofd van de federale recherche, en minister van Binnenlandse Zaken Schäuble lieten geen gelegenheid onbenut om te laten zien dat ze ofwel niet wisten ofwel niet mochten vertellen hoe het bespieden van computers eigenlijk in zijn werk moest gaan. Ook in dit geval werd verwezen naar geheimzinnige overheidsexperts, die off-screen de omstreden technische haalbaarheid bevestigden. Kennelijk gaan die experts tegen alle empirie in ervan uit dat particuliere deskundigen weliswaar de computers van het Pentagon kunnen kraken, maar niet in staat zouden zijn de 'Bundestrojaner', de hackers van de Duitse overheid, uit te schakelen of te manipuleren. In de praktijk zou de toegang tot computerdata via het internet alleen maar bij technisch onkundige terroristen werken.

Het is vooral volstrekt onduidelijk waartoe een dergelijk ingrijpende inbreuk op de grondrechten überhaupt zou moeten dienen. De politie kan nu al dankzij de huidige wetten in het kader van een huiszoeking computers in de woning van een verdachte in beslag nemen. Ziercke zelf verklaart te pas en te onpas dat onlineopsporing bijzonder duur zou zijn, omdat ze zowel onderzoek van de (informatietechnische) omgeving van de geviseerde persoon veronderstelt als een aanpassing van de gebruikte software. Daarom zou ze sowieso maar in zeldzame, heel concrete gevallen in aanmerking komen (een verklaring die, gemeten aan de praktijk van de Duitse contraspionagedienst, die in 2008 zowat 2500 buitenlandse harde schijven doorzocht, op z'n minst als niet heel precies moet worden gekwalificeerd). Indien er echter inderdaad concreet gevaar voor een terroristische aanslag bestaat, zou het dan niet meer voor de hand liggen om meteen de betreffende persoon aan te pakken – in plaats van zijn computer?

In werkelijkheid lijkt de onlineopsporing dus niet strategisch zinvol als iemand van iets concreets verdacht wordt, maar als men een concrete verdenking wil krijgen. Wie uitvoerig op harde schijven rondsnuffelt, zal wel iets vinden. Een dergelijke rasteropsporing op het internet is echter door het Constitutioneel Hof in een vonnis van 27 februari 2008 verboden. En daarmee luidt de treurige nuttigheidsprognose voor de onlineopsporing: in het dramatische individuele geval zet ze geen zoden aan de dijk en als preventieve opsporingsmethode is ze in strijd met de grondwet.

Elke dag en overal worden we begeleid door *videobewaking* (in vaktaal CCTV, Close-Circuit-TV). Er zijn nauwelijks nog openbare ruimten waar we er geen rekening mee hoeven te houden dat we worden gevolgd door een cameraoog. Winkelcentra, stations, parkeergarages, banken, autowegen, voetgangerszones, luchthaven – overal moet bewaking voor 'veiligheid' zorgen. Niet al die camera's zijn eigendom van de staat, want ook op privéterrein is bewaken allang schering en inslag. Wel vervagen de grenzen steeds meer, want de politie kan beslag leggen op privé gemaakte bewakingsbeelden.

De eis naar een uitbreiding van de videobewaking is niet uit de media weg te branden omdat politici met die eis publiekelijk en voor iedereen zichtbaar willen bewijzen dat ze iets 'doen' voor de veiligheid van de burgers. De videobewaking wordt aangeprezen als een wondermiddel tegen criminaliteit in het algemeen en tegen terrorisme in het bijzonder, ongeacht het feit dat geen enkele onafhankelijke studie het nut van die maatregel bewijst. Heel wat onafhankelijke onderzoeken wijzen integendeel uit dat het filmen van de burgers hun veiligheid geen snars verhoogt. De camera's leiden er alleen maar toe dat de 'stationscriminaliteit' (handtassendiefstal en drugshandel) een paar meter wordt verplaatst. En wellicht lukt het ook om ongewenste personen zoals daklozen, bierzuipende jongeren, bedelaars, skaters en junks te verdringen van openbare plaatsen. Ook Oostenrijkse onderzoeken tonen de ineffectiviteit van videobewaking aan: daar is het aantal bankovervallen tussen 2001 en 2006 ondanks de 100 procent dekkende camera's met wel 76 procent toegenomen.

Maar dienen de camera's niet voor het ophelderen van misdaden, zoals geregeld wordt beweerd? Ondanks de internationaal omvangrijkste videobewaking werd in Londen tot dusver slechts 3 procent van de geregistreerde gevallen dankzij de alomtegenwoordige visuele controle opgelost. Geen wonder dat de directeur van de bevoegde afdeling bij Scotland Yard de CCTV als een 'totaal fiasco' beoordeelt.

Ook bij vermeende successen blijken de camera's onbetrouwbaar, zoals de conciërge kan bevestigen die als bankrover werd veroordeeld nadat een camera hem ondubbelzinnig had geïdentificeerd. Hij zat zijn straf tot de laatste dag uit; na zijn ontslag uit de gevangenis bekende de werkelijke dader – acht jaar gevangenis, omdat hij op een bankrover leek.

Toch verkondigde de Münchense politiechef Wilhelm Schmidbauer in december 2007 na een brutale overval op een gepensioneerde:

'Wie videobewaking (...) in twijfel trekt, maakt onze maatschappij nog een stuk onmenselijker.'

Als je de argumentatie van deze man volgt, zou de absolute controlestaat dus de meest menselijke zijn. Bovendien wijst dit nog maar eens op de creatieve omgang met de feiten: de overval op de gepensioneerde was weliswaar door camera's gefilmd, maar was daardoor niet verhinderd en al evenmin opgehelderd. De daders werden opgespoord dankzij een gestolen mobieltje. Toch houden de veiligheidsambtenaren kennelijk vast aan een ongerijmd principe: zelfs als de videobewaking faalt of inefficiënt blijkt, hebben we meer van hetzelfde nodig.

Wat dit alles te maken zou moeten hebben met misdaadbestrijding of zelfs terrorismepreventie, blijft het geheim van de veiligheidspolitici. Waarom zou een terrorist zich laten afschrikken door camera's? Een zelfmoordterrorist zal het worst wezen of zijn beeld later in een of andere gegevensbank te vinden is. De bomaanslagen op de Londense metro in juli 2005 vonden plaats voor de ogen van talloze camera's. Ook het voortdurend geciteerde 'opsporingssucces' in het geval van de 'kofferbommenlegger' in Keulen bewijst geenszins de deugdelijkheid van camera's bij terrorismepreventie. In Keulen werd ten eerste geen terroristische aanslag verijdeld – de aanslag mislukte om technische redenen. Ten tweede werd de vermoedelijke dader dankzij traditionele opsporingsmethoden opgepakt (door een tip van de Libanese geheime dienst). En in het geval van de Braziliaan Jean Charles de Menezes, die Engelse politieagenten doodschoten in de metro omdat ze hem voor een terrorist hielden, tonen de bewakingsbeelden vooral aan dat het onschuldige slachtoffer – in strijd met de verklaringen van de ambtenaren – zich geenszins verdacht had gedragen.

Dat men wel brood zag in videobewaking dateert overigens al van lang voor 11 september 2001. De CCTV werd al ruim gebezigd in een tijdperk waarin het aantal misdaden voortdurend afnam. Hoe absurd het ook mag klinken: de bewakingscamera's werden vooral ingevoerd omdat het technisch en politiek mogelijk was. En natuurlijk omdat een hele industrie geweldige sommen verdient aan de ontwikkeling en verkoop van veiligheidstechnologie.

Uit deze (beslist niet volledige) lijst van voorbeelden kan een ongehoorde trend worden afgeleid. Opgejaagd door de media eisen populistische politici steeds meer nieuwe veiligheidswetten, die vooraf juridisch noch inhoudelijk voldoende werden onderzocht, en nadien al evenmin vakkundig en objectief worden geëvalueerd. De pogingen om de grenzen van het toelaatbare met alle geweld te verleggen maken van het Constitutioneel Hof een deelnemer aan de wetgevingsprocedure. Als Karlsruhe zich er niet in mengt, is er geen aandacht voor feitelijke gebreken en wordt de politieke vraag naar het nut van de instrumenten doorgaans niet gesteld.

Vanuit het standpunt van de machtbeoefenaars zijn er geen nutteloze bevoegdheden; competenties vrijwillig teruggeven is volgens de logica van het systeem ondenkbaar. Daarom heeft het geen zin te vertrouwen op de 'goede' bedoelingen van onze democratisch gelegitimeerde staatsmacht. Bedoelingen kunnen altijd en van geval tot geval veranderen; de ter beschikking staande middelen blijven dezelfde. Maar het belangrijkste is: hoe verder de opgeëiste middelen af staan van het vermeende doel, hoe minder je aanhanger van complottheorieën hoeft te zijn om je af te vragen wat het eigenlijke doel is van de met horrorscenario's gelegitimeerde reorganisatie van onze maatschappij.

Hoe makkelijk overheidsbevoegdheden voor een andere bestemming kunnen worden gebruikt, bewees in oktober 2008 de Britse premier Gordon Brown. In het kader van de financiële crisis gebruikte hij antiterreurwetten om de rekeningen van de nationale IJslandse bank te bevriezen. Zo snel wordt een land dat niet eens een leger bezit een terroristische staat. En even snel kan men van een burger als het nodig is een terrorist maken. In Groot-Brittannië worden antiterreurwetten al gebruikt voor rustverstoorders en verkeersovertreders (daarover meer in het elfde hoofdstuk).

Als er een volgende keer wordt gestreden voor een uitbreiding van de politionele bevoegdheden in de strijd tegen het terrorisme, moet u maar eens letten op de argumentatiestructuren. Er zijn twee modellen, die elkaar eigenlijk tegenspreken, maar die toch naargelang de situatie kunnen worden toegepast: als de politie succes heeft gehad bij een opsporing, zoals indertijd bij de ontmaskering van de 'Sauerlandterroristen', dan heet het dat dit geval aantoont dat verder reikende bevoegdheden voor het veiligheidsapparaat nodig zijn – zelfs indien het succes werd bereikt door het inzetten van klassieke politie- en inlichtingendienstmethoden (zoals door informanten: de Sauerlandgroep kreeg zijn bommateriaal zelfs van de Amerikaanse en Turkse geheime diensten). Als er geen dergelijk spectaculair voorbeeld voorhanden is, dan bewijst precies het gebrek aan succes dat de overheid meer bevoegdheden nodig heeft. Met een feitelijke motivering hebben beide argumentaties niets te maken.

De honger van de staat naar controlemogelijkheden is nog lang niet gestild. Als we ons niet verweren, zullen binnenkort in een centrale databank de vingerafdrukken van alle EU-burgers in Brussel worden verzameld en zal er in elke Duitse luchthaven een 'naaktscanner' staan. À propos naaktscanners: herinnert u zich nog de verontwaardiging van onze politici toen een voorstel in die richting uit EU-kringen bekend werd? Die verontwaardiging was pure huichelarij. De naaktscanner wordt met geld van het ministerie van Wetenschappelijk Onderzoek ontwikkeld. Daar wordt onderzocht of de gebruikte röntgenstralen schadelijk zijn voor de gezondheid. Niet echter op welke manier dit toestel ons moet beschermen tegen terroristen.

Zesde hoofdstuk: wie kan in de toekomst kijken?

*'Wie zegt: hier heerst vrijheid, liegt,
want vrijheid heerst niet.'*
Erich Fried

Centraal in de sciencefictionfilm *Minority Report* staat een politie-eenheid die *Pre-Crime* heet. Die beoefent misdaadbestrijding op de enig logisch en zinvolle manier als je 'veiligheid' tot de ultieme staatsraison hebt verheven: niet door de opheldering maar door de verhindering van delicten.

Wie vandaag een misdrijf wil ophelderen, doet onderzoek naar het verleden. Hij concentreert zich op een concrete gebeurtenis en op de concrete personen van wie hij vermoedt dat ze die hebben veroorzaakt. Wie zich echter specialiseert in preventie, moet in de toekomst kijken. Pre-Crime beschikt daarom over *precogs*, waarzeggers of mediums die kunnen voorspellen wie een dader zal worden eer hij het is. De onderzoekers van Pre-Crime hebben tot taak de dader op te pakken voor hij zijn misdrijf begaat. Een schijnbaar perfect systeem, tot het hoofd van de onderzoekers zelf verdacht wordt.

Tot dusver is onze overheid nog niet van plan om kristallen bollen of tarotkaarten in te zetten om de veiligheid van het land te garanderen. Maar ze streeft in toenemende mate naar preventie. Eigenlijk betekende in ons rechtsysteem misdaadbestrijding de jacht op misdadigers, dus op mensen die al een delict hebben begaan. Traditionele misdaadpreventie concentreerde zich vooral op sociale aspecten, bijvoorbeeld op zo veel mogelijk onderwijs, op stedenbouwkundige planning, gezinsbeleid, het vermijden van bestaansonzekerheid en op het oplossen van conflicten zonder inmenging van overheidswege.

Sinds het 'terrorisme' centraal is komen te staan in het veiligheidsbeleid is het zwaartepunt van de misdaadbestrijding verschoven naar de fase voorafgaand aan de misdaad. Er wordt nu gezocht naar verdachten die een delict *plannen*. Dat lijkt logisch gezien de aard van het terrorisme. Enerzijds heeft strafvervolging bij zelfmoordaanslagen geen zin – de dader kan niet worden opgesloten als hij na een 'succesvolle' daad niet meer leeft. Anderzijds hebben terroristische misdrijven in vergelijking met 'gewone' misdrijven een bijzondere eigenschap. Ze zijn niet alleen gericht tegen individuen, maar ook tegen de symbolen van een bepaalde maatschappijvorm of de westerse lifestyle. Daarom worden er enorme inspanningen gedaan om dit soort gebeurtenissen te voorkomen. Preventie krijgt hier een politieke betekenis – veel meer dan bij andere geweldmisdrijven, waarvan de slachtoffers even dramatisch kunnen getroffen zijn. Maar tegen alle beweringen in verdedigt de staat in de antiterreurstrijd niet de burgers tegen een te vrezen rampspoed. Hij verdedigt zichzelf – tegen de burgers.

Onzin, horen we u roepen, toch niet tegen *burgers*, maar tegen *terroristen*!

Precies dat onderscheid is gevaarlijker dan alle terroristische cellen bijeen. Want voor de principes van de strafvervolging zouden alle mensen gelijk moeten zijn, dus: onschuldig.

Halt, zegt u, een mens die een misdaad plant, kan toch niet als onschuldig gelden!

Jawel. Het is niet strafbaar aan een misdaad te denken. Het is niet eens strafbaar na te denken over hoe je die het liefst zou begaan. Je mag zelfs voorbereidingen treffen, zolang je niet probeert de daad uit te voeren. Alleen in speciale gevallen is er strafbaarheid die al optreedt voor de eigenlijke daad, bijvoorbeeld als daders bijeenkomen om een zware misdaad af te spreken of als iemand toetreedt tot een terroristische vereniging. Die bestanddelen van strafbare feiten zijn duidelijk afgebakend en wettelijk geregeld, en ook zij houden verband met daden, niet met ideeën of plannen alleen. Want de gedachten van mensen zijn vrij en moeten dat ook blijven. Iedereen van ons moet worden beoordeeld op zijn daden, niet op zijn fantasieën. In de rechtsstaat bestaat geen Pre-Crime-afdeling die jou verantwoordelijk kan stellen voor handelingen die je misschien in de toekomst zult begaan.

Wie echter preventief denkt, heeft de keuze om ofwel alle mensen als potentieel gevaarlijk in te schatten en ze ook in overeenstemming daarmee te behandelen (controle, observatie, algemene verdenking), of hij deelt de mensen in (goede) burgers en (slechte) terroristen in. In de praktijk worden de twee benaderingswijzen met elkaar verbonden tot één enkel concept. Preventie houdt zich bezig met de toekomst, en die bevat – dat is de essentie van het menselijke bestaan – een oneindig aantal mogelijke scenario's met oneindig veel mogelijke betrokkenen. Hoe verder je in de toekomst probeert te kijken, hoe meer de stelling geldt dat alles kan en iedereen verdacht is. In de onschuld van mensen geloven betekent dan het toekomstige kwaad onderschatten. Dit soort preventief veiligheidsdenken ziet zich niet geplaatst tegenover individuele mogelijke daders maar tegenover 82 miljoen verdachten.

Deze visie helemaal onderschrijven is om politiek-morele redenen (nog?) niet mogelijk en praktisch (nog?) niet haalbaar (in de VS staan wel al een miljoen mensen op de lijst van terreurverdachten; elke maand komen er twintigduizend bij). Daarom moet de kring van op voorhand veroordeelden worden ingeperkt, en daartoe is de tweede benaderingswijze geschikt: niet iedereen is verdacht, alleen de 'terroristen'.

Bent u nog in staat zich een burger en een terrorist als een en dezelfde persoon voor te stellen? Of raakt u het gevoel niet kwijt dat terroristen toch 'anders' zijn, dat ze buiten de maatschappij staan, niet met dezelfde maatstaven kunnen worden gemeten als 'normale' mensen? Slaagt u erin 'burger' en 'terrorist' te denken en u daarbij één bepaalde mens voor ogen te roepen? Als dat niet het geval is, sorteert de propaganda van de voorbije jaren al op een fatale wijze effect.

Om het huidige veiligheidsbeleid te doen accepteren is het ontzettend belangrijk dat u de 'terrorist' als een aparte soort beschouwt, een soort die fundamenteel verschillend is van uzelf. De 'terrorist' moet worden ontmenselijkt. Alleen dan kan u worden gesuggereerd dat een veiligheidsmaatregel uitsluitend tegen 'terroristen' gericht is, zelfs wanneer die heel duidelijk (zoals bij het verplichte bijhouden van gegevens door telecommunicatiebedrijven, het opslaan van passagiersdata, de paspoorten met vingerafdrukken, de videobewaking, de naaktscanners, enzovoort) op alle burgers betrekking heeft. Via een sofisme wordt de inperking van uw rechten als iets aanlokkelijks voorgesteld: het zijn immers niet 'uw' rechten die worden beknot, maar 'alleen' die van de 'terroristen'. En iedereen weet dat men de ellende van anderen geduldig verdraagt.

Het onderscheid tussen burger en terrorist heeft dus retorische en praktische redenen. De kring van verdachten moet zowel in het politieke veiligheidsdebat alsook voor het dagelijkse politiewerk worden afgebakend. Omdat dat preventief niet kan gebeuren via opsporingen in het verleden, komen de mechanismen van de selectie aan bod. Terwijl de strafvervolging in een concreet geval een Duitse, christelijke moordenaar in dezelfde mate zou treffen als een moordenaar van het islamitische geloof en Pakistaanse afkomst, valt in het kader van preventiestrategieën de laatste met aanmerkelijk hogere waarschijnlijkheid binnen het gezichtsveld van de speurders. Het gaat om milieus, circuits, religieuze opvattingen, levensgewoonten, kortom, om (met de woorden van de Hessische minister van Binnenlandse Zaken) 'islamistisch potentieel'. In de uitspraken van veiligheidsexperts is een hele reeks begrippen te vinden die het doelpubliek van de antiterreurstrijd op deze manier beschrijven. Steeds weer wordt ons voorgehouden dat de vijand een duidelijk omlijnde groep is: terroristen, islamisten, jihadisten, Al-Qaida, risicopersonen, godsdienstfanaten, enzovoort.

Die taalkundige distantiëring en de daarmee gepaard gaande dwalingen functioneren bijzonder goed omdat de 'risicopersonen' bij de publieke opinie en bij de politici niet op de eerste plaats gelinkt worden aan de bereidheid om geweld te gebruiken maar aan religie en afkomst. Een 'islamistische terrorist' heeft zwart haar en een donkere huid, spreekt Arabisch en komt uit het Nabije Oosten. Anders dan RAF-terroristen of de bommenlegger van Oklahoma stamt hij niet uit 'het maatschappelijke midden'. Hij staat aan de rand, mengt zich onder de andere immigranten, die sociaal zwakke, slecht geïntegreerde en daarom enigszins problematische buitenlandse medeburgers. Maar dan komt er een bekeerling opduiken die door zijn bestaan alles in twijfel trekt – het blijkt bijvoorbeeld dat twee van de drie leden van de 'Sauerlandgroep' tot de islam bekeerde Duitsers waren. En meteen vervagen de definities en afbakeningen. De twee benaderingswijzen waarvan eerder sprake was inzake preventief denken, worden met elkaar verbonden tot één concept.

Hier komt een basisprobleem van de terrorismebestrijding aan het licht. Veiligheidsstrategieën die gericht zijn op preventie in plaats van op vervolging lijden aan een aangeboren gebrek: het ligt besloten in hun aard dat ze moeilijk verenigbaar zijn met bepaalde principes van de rechtsstaat zoals het vermoeden van onschuld, het principe van de gelijke behandeling of het discriminatieverbod.

Juridisch gezien volgt daaruit dat nieuwe veiligheidswetten die worden uitgewerkt in de geest van de preventie vaak zullen botsen met de grondwet (zolang die nog wordt verdedigd door de rechters in Karlsruhe). Maatregelen die niet bedoeld zijn om een verdachte te vervolgen maar om verdachten te creëren, bestrijken ofwel het gehele spectrum (en daarmee zijn ze buitensporig) – of zijn nutteloos. Preventie vereist het inwinnen van abstracte informatie. Onze grondwet vereist dat onschuldigen niet of zo weinig mogelijk schade ondervinden van staatsinterventies. Hoe pijnlijker de inbreuk op de burgerlijke vrijheden is, hoe concreter de reden ervoor moet zijn. Zware schendingen van de privacy zoals huiszoekingen, afluisteracties, telefoontaps of zelfs het arresteren van verdachten hoorden traditioneel alleen thuis in het domein van de strafvervolging. Lichtere inbreuken, die de politie ook voor preventieve doeleinden ter beschikking heeft, waren buiten de terrorismebestrijding alleen toegestaan als er een *concreet* gevaar voorhanden was. Om een dergelijk concreet gevaar duidelijk te maken gebruiken rechtdocenten een in het oog lopend voorbeeld: als iemand met een leeuw aan de lijn op zaterdagmiddag door een drukke binnenstad gaat wandelen, bestaat er vooreerst slechts een abstract gevaar, dat de politie beperkte bevoegdheden geeft om aan de eigenaar van de leeuw te vragen of het dier gevaarlijk is. Pas wanneer de leeuw zich losrukt, zich kennelijk agressief gedraagt of zelfs aanvalt, bestaat er een concreet gevaar, dat de politie toestaat in te grijpen, en naargelang de situatie zelfs de leeuw te doden.

Wie iets verandert aan die benaderingswijze, wie dus, om in deze beeldspraak te blijven, de leeuw zelf (en niet zijn gedrag) als een concreet gevaar inschat, creëert niet alleen een paar nieuwe politiebevoegdheden. Hij beoogt een paradigmaverschuiving, een nieuwe invulling van de begrippen staat en burger en hun wederzijdse verhouding.

Indien u, beste lezer, nog in staat bent 'burger' en 'terrorist' als een en dezelfde menselijke categorie te beschouwen, moeten we u jammer genoeg meedelen: leidende juristen en politici in ons land kunnen of willen dat niet meer. In de vs werd het begrip 'vijandelijke strijders', waarvoor een speciaal recht geldt, al in wetteksten gegoten. Wij hinken nog een beetje achterop bij de Amerikaanse ontwikkeling; zo tonen de onderzoekscommissies in de zaken Kurnaz en al-Masri bijvoorbeeld aan dat de controlerende functie van het parlement op de uitvoerende macht nog werkt.

Toch pleiten ook Duitse rechtprofessoren al voor de invoering van een 'Feindrecht'. Strafrechtprofessor Günther Jakobs is bijvoorbeeld van mening dat het normale strafrecht voor terroristen gewoon ongeschikt is, omdat daardoor 'de staat een verplichting wordt opgelegd – met name de noodzaak om de dader als persoon te respecteren – die als zodanig misplaatst is tegenover een terrorist, omdat die niet beantwoordt aan de verwachting van het algemeen persoonlijk gedragspatroon'. Proef dit citaat maar eens goed: de terrorist is geen 'persoon', maar een vijand.

Een van de grootste prestaties van de Bondsrepubliek na de ondergang van het nationaal-socialisme was het feit dat men sindsdien nooit meer een 'binnenlandse vijand' postuleerde. Zelfs de Rote Armee Fraktion slaagde er uiteindelijk niet in de maatschappij een vijandbeeld op te dringen dat haar van een bende misdadigers had gepromoveerd tot een oorlogvoerende partij. Met de 'islamistische terreur' voor ogen is dat veranderd, en niet eens sluipend, maar met veel kabaal. Voor veel opiniemakers bestaat hij opnieuw, de tweederangsburger, een mens zonder menselijke eigenschappen, die vogelvrij buiten de maatschappij staat.

Bij de preventiestaat hoort daarom ook de geheimzinnige gave van 'vakmensen' en 'deskundigen' om foutloos een onderscheid te maken tussen de 'burgers' en de 'persona non grata', zonder dat die beslissingen kunnen worden geverifieerd. Veel gevangenen in Guantánamo en Bagram (die haast vergeten gevangenis in Afghanistan, waar zeshonderd 'vijandelijke strijders' worden vastgehouden) kunnen niet worden vrijgelaten of berecht, omdat men ervan uitgaat dat ze gevaarlijk zijn, zonder dat er enige vorm van bewijs voor is. De onderzoekers in *Minority Report* zou het niet overkomen. En daarom draait de eis naar meer controlebevoegdheden in werkelijkheid: Pre-Crime heeft precogs nodig.

Zevende hoofdstuk: waarom accepteren we dit?

We leven in een tijd van snuffelarij. Vandaag worden mensen niet met een dolk maar met een dossier bedreigd.
Vance Packard

Uw badkamer wordt gerenoveerd – slipvrije matten, overal handgrepen, want u hebt ingezien dat het werkelijke gevaar van natte vloertegels komt. U geeft aan de werklui de laatste instructies en rijdt naar het werk. Op kantoor stelt u vast dat u belangrijke documenten thuis hebt laten liggen. Dus haast u zich in uw middagpauze terug. U doet de voordeur open, het is stil, vermoedelijk lunchen de werklui net. U loopt meteen naar uw werkkamer en gelooft uw ogen niet: voor uw privécomputer zit de tegelzetter met een kop koffie in zijn hand uw bestanden te lezen. Wat doet u zodra u van uw verbijstering bent bekomen?

U schreeuwt hem uiteraard toe, u roept hem ter verantwoording. Hij wilde een keertje kijken, zegt de tegelzetter doodgemoedereerd, of u belastingen ontduikt, zwartwerkers tewerkstelt of illegaal muziek kopieert. Zijn rechtvaardiging overtuigt u hoegenaamd niet, u gooit hem eruit. U overweegt zelfs om een klacht in te dienen, en wel bij de politie, die graag hetzelfde zou doen wat de tegelzetter zich heeft veroorloofd: uw bestanden doorlopen.

Of stelt u zich voor dat u over het marktplein loopt en dat een of andere brutale kerel u met de camera van zijn mobieltje recht in het gezicht filmt. De openbare videobewaking zal vastleggen hoe u hem terechtwijst.

Of u telefoneert in uw woonkamer en merkt opeens een lichte klik, omdat op de bovenverdieping het tweede toestel wordt opgenomen – iemand luistert mee. Later op de avond hebt u een ernstig gesprek met uw man of uw vrouw over het wantrouwen in menselijke verhoudingen.

Is dat niet merkwaardig? In uw privéleven zou u noch vreemden noch familieleden toestaan dat ze in uw zaken snuffelen, u bespioneren of u afluisteren. U zou dat met alle middelen proberen te verhinderen. Te veel nieuwsgierigheid is onfatsoenlijk. U krijgt een gevoel van weerzin als iemand opeens opvallend veel over u te weten wil komen. Dat gevoel is natuurlijk en noodzakelijk. Het beschermt een domein waarin andere mensen gevaarlijk voor ons kunnen worden omdat we niet weten hoe ze intieme informatie willen gebruiken – we hebben een soort persoonlijke verboden zone nodig. We verzetten ons als anderen te dichtbij komen. Dat geldt niet in de laatste plaats ook in lichamelijk opzicht – automatisch zult u in een rij wachtenden een stap naar voren doen als de man achter u in uw nek ademt.

En als die andere mensen de staat vertegenwoordigen? Dan zou die bespionering u niets doen? U verdraagt de opdringerigheid en troost u met het idee dat u 'niets te verbergen hebt'?

U repliceert dat het hier om iets anders gaat, omdat de staat goede redenen heeft voor zijn gedrag. Ah ja? Heeft hij die vanzelf omdat hij als God op aarde is, feilloos en verheven boven elke verdenking? Of gaat u in elk geval na hoe het is gesteld met zijn legitimatie? Handelen er uit naam van de staat geen mensen die eigen belangen najagen? Die zich ook weleens kunnen vergissen of die bewust misleiden? Bewijzen de talloze voorbeelden uit de geschiedenis niet dat de staat veel gevaarlijker voor u kan worden dan gelijk welke nieuwsgierige tegelzetter of jaloerse partner?

En hoe staat het met uw principes? Iedereen krijgt het op zijn zenuwen als in een café een of andere onbekende kennelijk het gesprek afluistert of over de schouders meeleest in de krant. Dat soort gedrag getuigt van een gebrek aan respect. Wie gevoel heeft voor de waardigheid van zijn eigen persoon, zal zich iets dergelijks niet laten welgevallen. Wat is er dus aan de hand met een mens die er niet om maalt dat een vreemde zijn privémails leest? Is hij zijn trots, zijn waardigheid, misschien zelfs de relatie met zichzelf kwijt? Weet hij niet meer wat een mens is?

Om u, beste lezer, niet te beledigen, zullen we deze persoon een naam geven: André Aangepast. André hoort bij de Wat-niet-weet-wat-niet-deert-fractie. Omdat hij de krantenartikelen over dat onderwerp niet ernstig neemt, geen belangstelling heeft voor de details en privacybeschermers als paranoïde druktemakers beschouwt, weet hij niets over de veranderingen in onze maatschappij. Zelfs het afluisteren van zijn privételefoongesprekken zou André niet storen zolang hij er niets van merkt.

André is naïef. Bovendien is hij geoefend in zelfbedrog en heeft hij uitsluitend belangstelling voor een aangenaam leven en persoonlijke voordelen. Bij elke supermarktkassa laat hij zijn volledige gegevens achter als men hem in ruil daarvoor een paar onnozele kortingbonnen aanbiedt die hij bij gelegenheid tegen een set badhanddoeken of een slakom kan inruilen. Andrés portemonnee staat bol van het plastic: klantenkaarten van drogisterijen, benzinestations en zijn kapper. André vindt zichzelf slim, hij wil gebruikmaken van de vele aanbiedingen. Maar hij vergeet daarbij dat het kapitalisme geen liefdadigheidsinstelling is, de reden waarom alles wat men van hem wil kopen of hem wil ontfutselen een veelvoud aan waarde moet hebben. Kritisch nadenken vindt André te inspannend: wat hij niet kan zien of voelen, interesseert hem niet. Het economische systeem heeft hem opgevoed tot een gehoorzame klant die op aanvraag meteen elke mogelijke inlichting over zichzelf geeft.

Wanneer zal er bij André een lichtje gaan branden? Als hij bij de bank geen persoonlijk krediet meer krijgt omdat hij in de verkeerde stadswijk woont en in de verkeerde winkels koopt? Zal hij dan opeens de economie, de politiek en het universum aanklagen, omdat die allemaal niets beters te doen hebben dan 'de kleine man van de straat' uit te buiten? Of zal hij ook dan mismoedig zwijgen en alles accepteren?

André is er zo aan gewend geraakt dat zijn gegevens overal worden opgevraagd dat alle maatregelen van de staat, als hij er op een dag kennis van nam, hem relatief onschuldig zouden lijken. Bovendien is André er honderd procent van overtuigd dat hij zo'n brave man is dat hij nooit in het vizier van de overheid zal komen. Dat kleine beetje belastingontduiking en zwartwerk stopt hij in het vakje 'pekelzonden'. In wezen is hij een gehoorzame burger. Een conflict met de overheid is voor hem ondenkbaar. André spreekt zijn baas niet tegen en houdt zich gedeisd tegenover elke politieagent. Hij zou niet eens protesteren tegen hemeltergend onrecht. André heeft geen medelijden met mensen die het met de staat aan de stok krijgen. Die zijn er op een of andere manier zelf verantwoordelijk voor, buitenlanders, drugsverslaafden, jonge oproerkraaiers, politieke extremisten. Geen rook zonder vuur, en waar gehakt wordt, vallen spaanders. Als Andrés buurman door de politie werd opgehaald, zou André aan het raam staan en zich wijsmaken dat de sympathieke en steeds hulpvaardige buurman wel iets ergs zou hebben uitgehaald: zo zie je maar weer wat er achter een keurige gevel allemaal kan schuilgaan! André is de volmaakte onderdaan. Hij is de verpersoonlijking van de belofte bij de overheid nooit op te vallen.

Er is nog een andere reden waarom het André niet stoort als hij op het station door videocamera's wordt gefilmd. Als je hem zou vertellen dat die camera's zijn verbonden met het internet en dat de beelden over heel de wereld kunnen worden gedownload, zou hij grijnzend en met zijn vingers in een V-teken opgestoken voor de camera's op en neer dansen en er misschien nog 'Papa, can you hear me? Papa, can you see me?' bij zingen. Want André vindt zichzelf bijzonder interessant en wil de wereld niets onthouden. Hij plaatst foto's van zijn kinderen op het internet. Zijn hond heeft een eigen homepage. André heeft userprofielen bij Facebook, MySpace en YouTube. Hij heeft het in forums over zijn slippertjes en treurt omdat zijn vrouw hem heeft verlaten. André leest anderzijds zelf ook graag de privéverhalen van andere deelnemers en kijkt graag naar de vakantiefoto's van vreemden. Misschien maakt het communicatietijdperk eenzaam, maar dan alvast niet uit gebrek aan vrienden – kijk maar naar Andrés virtuele vriendenlijsten.

Alles bijeen betekent het internet voor André de perfecte synthese tussen exhibitionisme en voyeurisme. Hij is er gek op dingen over zichzelf te publiceren omdat hem dat het heerlijke gevoel geeft inderdaad op de wereld te zijn, iets te betekenen en misschien zelfs een beetje onsterfelijk te zijn. De andere openbaar gemaakte levens bewijzen hem dat hij niet alleen is. Als nu behalve het internetpubliek ook nog de staat zich voor André interesseert – waarom niet? Hij kan begrijpen dat iemand zijn meningen wil lezen. Die zijn ook werkelijk wel de moeite waard.

U, beste lezer, bent vast geen narcistische, op kortingen beluste onderdaan als André Aangepast. Ieder van ons heeft het druk met zijn eigen leven van alledag. We zijn afgeleid terwijl er wetten worden veranderd en argumenten worden gesmeed. Maar wanneer u iets onrustwekkends verneemt, merkt u het op met alle gepaste ernst en denkt u erover na. Er zijn andere redenen waarom u zich niet verzet tegen de uitbouw van een controlestaat. U bent in zekere zin een te goede democraat. U houdt van de persoonlijke vrijheid. U beschouwt de democratie als een goed systeem of tenminste als het beste onder de slechte. 'Democratie' is echter geen geloofsovertuiging, maar een methode om de macht te verdelen en aan banden te leggen. Het hoort juist bij de democratische idee dat de bevoegdheden van de staat om uw privacy te schenden worden ingeperkt, om de liberaal denkende en handelende burger te versterken – en wel degelijk ook ten koste van de efficiëntie van die staat. Dit soort beperkingen van de macht spruiten niet voort uit een humanistische vriendelijkheid van de staat tegenover zijn burgers. Ze zijn de praktische bestaansvoorwaarde voor onze staatsvorm. Want de burger wiens privéleven door de staat wordt geschonden, zou zijn rechten op deelname aan die staat niet meer kunnen uitoefenen, en het zou gauw gedaan zijn met de democratie.

U, beste lezer, weet dat natuurlijk – maar u vóélt het niet meer. De democratie is te vanzelfsprekend voor u geworden. U kunt zich niet voorstellen dat de democratie in een land als

Duitsland, dat al decennialang vreedzaam bestaat, van binnenuit kapot zou kunnen gaan.

U denkt dat het er uiteindelijk toch alleen maar om te doen is, *welke soort* staat je verdere bevoegdheden geeft en *met welk doel*. Onze staat is tenslotte geen onrechtvaardig systeem, denkt u, maar – voilà! – een democratie. Mensen als Merkel, Steinmeier of Westerwelle* hebben toch geen kwaad in de zin! Mijnheer Schäuble vindt toch geen controlewetten uit omdat hij slinkse wegen naar een nieuwe dictatuur zoekt, maar omdat hij ons wil verdedigen tegen onze vijanden!

Best mogelijk. Maar dat is niet het punt. Goedbedoeld is vaak het tegendeel van goed. Je kunt veel praten over vrede en de derde grootste wapenexporteur ter wereld zijn. Je kunt het beste willen en mensen folteren. Dat bewijst niet alleen de geschiedenis maar ook het recente verleden. Duitsland heeft verschillende conventies getekend die het folteren verbieden, en er is de grondwet, waarin het begrip mensenrechten tegen foltering beschermt, dat niet eens zou kunnen worden afgeschaft door een tweederde meerderheid. Toch wordt er in ons land officieel over nagedacht (en beslist niet door extremisten, maar door gerenommeerde hoogleraren staatsrecht) of er voor terroristen geen uitzondering op het folterverbod zou moeten worden gemaakt. Andere westerse democratieën hebben dat soort uitzonderingen al doorgevoerd; de Duitse overheid wil in elk geval gebruikmaken van informatie die is verkregen door folterpraktijken.

Wat moet er nog gebeuren om uw geloof aan het wankelen te brengen dat in onze moderne rechtsstaat de sluipwegen naar onrechtvaardige systemen voor eens en voor altijd zijn afgesloten?

Natuurlijk gelooft u dat u aan de onfeilbare kant van de wereld leeft, omdat het nu eenmaal uw kant is. Jammer genoeg

---

* Frank-Walter Steinmeier was minister van Buitenlandse Zaken tot oktober 2009; nu is hij fractievoorzitter van de SPD. Guido Westerwelle is minister van Buitenlandse Zaken en voorzitter van de liberale FPD.

maakt liefde het voorwerp ervan niet onschuldig of eeuwig – soms maakt ze daarentegen blind. Als dat niet het geval was, zou u moeten zien dat er geen per definitie 'goed' systeem bestaat, waar men omwille van de 'goede' doelstellingen moeizaam bevochten rechten in crisistijden onbekommerd mag opofferen? Gelooft u dat u die rechten slechts afgeeft op voorwaarde dat de staat 'goed' blijft? Een staat wordt beslist niet beter door een uitbreiding van zijn bevoegdheden, integendeel – hoe meer macht hij concentreert, hoe groter het gevaar voor misbruik wordt. En op de dag dat u uw rechten weer opeist, zal men ze u vast en zeker niet teruggeven.

Achtste hoofdstuk: *angst sells*

Onheilsprofeten die van het pessimisme leven – en niet bepaald slecht – voelen elk soort vertrouwen onvermijdelijk aan als een bedreiging voor hun bestaan.
Bob Hope

Er gaat bijna geen dag voorbij waarop de media geen verslag uitbrengen over aanslagen. Veertig doden bij een zelfmoordaanslag in Bagdad; vijf door een autobom in Kaboel. Het flitst voorbij als filemeldingen. Twintig doden bij een explosie in Mogadishu. Als het om 'terrorisme' gaat, wordt zelfs Afrika interessant, waar de drieduizend kinderen die elke dag aan malaria sterven geen vermelding waard zijn.

Als er geen aanslagen te melden zijn, krijgen we bedreigingen geserveerd. We horen over verdachten en hun plannen. In het weekblad *Focus* wordt bijvoorbeeld onder de titel 'De Duitse islamisten-NV' het verrassende bericht dat er ook gewelddadige fanatici van Duitse origine zijn over twaalf pagina's uitgesmeerd. De inhoud is confuus. Onder de kop 'Het hele land veroverd' wordt over dertig à veertig 'moslimstrijders' geschreven. De journalist van *Focus* ontmoet een van die 'jonge, tot sterven bereid zijnde mannen' en praat met hem in de kroeg over islamisme. Op de achtergrond fluisteren anonieme veiligheidsambtenaren: 'De hele streek van Rijn en Main is verziekt.' Het gebrek aan concrete aanwijzingen houdt *Focus* niet tegen om ijverig over huiveringwekkende gevaren te speculeren.

Alleen de financiële crisis is erin geslaagd het terrorisme van de eerste plaats op de mediahitlijsten te verdringen. Het gevaar van een lege portemonnee is opeens belangrijker dan de apocalyptische bedreiging van het Avondland – dat doet een schel licht vallen op de manipuleerbaarheid van de publieke opinie, en ook op onze echte prioriteiten.

Zeker: in een moderne democratie is er geen propagandaapparaat. De pers is niet de verlengarm van een ministerie van Informatie; de politici geven in hun strijd om een paar seconden zendtijd eerder de indruk marionetten te zijn in een supermachtige opiniemachine. En toch werken journalisten en politici als het om het thema 'terrorisme' gaat eendrachtig samen – je zou er haast een complottheoreticus van worden.

De dreiging van het terrorisme als gebedsmolentjes telkens weer oproepen wakkert de angst aan, en angst maakt volgzaam. In het aanschijn van gevaar geeft men vrijheid op voor (vermeende) veiligheid. Zonder angst valt er geen (controle)staat te maken. Zonder de trouwhartige terrorismeberichtgeving van de media zouden onlineopsporing, videobewaking van woningen of het afschieten van passagiersvliegtuigen door het leger niet uitvoerbaar zijn.

Waarom staan de media bij het angstig maken van de massa in de voorste linie? Waarom dragen ze er met hun retoriek toe bij dat er opeens weer twee mensenklassen zijn: personen (burgers) en niet-personen (risicofactoren, terroristen)? Waarom bereiden ze op die manier het klimaat voor de omvorming van de rechtsstaat in een preventiestaat voor?

Vraag aan om het even welke redacteur volgens welke criteria hij zijn berichten uitzoekt, en in de meeste gevallen luidt het antwoord: volgens verkoopbaarheid. In crisistijden stijgen luister- en kijkdichtheid en krantenoplagen, en dus wordt ervoor gezorgd dat het altijd crisis is. Dagelijks wordt gezocht naar wat het meest ophef zal veroorzaken. *Good News is No News*. Of ook: *angst sells*. Dat principe delen de journalisten met de politici. Het gemeenschappelijke doel, om het even of het nu bewust of onbewust wordt gehanteerd, leidt tot een dynamische symbiose waarin waarschuwende veiligheidsexperts en catastrofegeile media de rijen sluiten.

Voor er nieuwe wetten worden uitgevaardigd, moet de acceptatie door de publieke opinie worden voorbereid. De inperking van rechten kan alleen worden gerechtvaardigd met gevaren voor maatschappij en individu. De 'terroristische dreiging', waar we het in het derde hoofdstuk al uitvoerig over hadden, gaat taalkundig hand in hand met het tegenwoordig zo geliefde begrip 'terreurverdachte'. De logica is simpel: waar geweld dreigt, moeten verdachten op de loer liggen.

Dienovereenkomstig zijn de 'terreurverdachten' de voorbije acht jaar explosief toegenomen. De Berlijnse krant *Tageszeitung* bijvoorbeeld heeft het begrip (in al zijn varianten) vóór 11 september 2001 nauwelijks gebruikt – tot 1999 slechts twee keer, in 2000 opnieuw twee keer, in 2001 vier keer. Daarna begon er een ware inflatie: 46 keer in 2002; 75 keer in 2003; 114 keer in 2004; 132 keer in 2005; 95 keer in 2006 en 102 keer in 2007. Bij de eerbiedwaardige *Neue Zürcher Zeitung (NZZ)* zien we gelijkaardige cijfers: een hausse na 11 september 2001, 680 keer zwart op wit.

Door de meeste journalisten wordt het begrip niet alleen inflatoir maar ook bijzonder onkritisch gebruikt: 'Na arrestatie van drie terreurverdachten in Duitsland balvoordeel voor voorstanders van scherpere wetten' (NZZ, 13 september 2007) – wat vaak wordt gepubliceerd, hoeft daarom nog niet zinvol te zijn. Want als die drie arrestanten inderdaad alleen verdacht zijn, is het gelijkspel, en als ze later daders blijken te zijn, wat nog valt af te wachten, zou het succes van de onderzoekers eerder bewijzen dat de tot dusver geldende bevoegdheden van de overheid voldoende zijn en er dus geen 'scherpere wetten' nodig zijn. En bovendien, om welk 'balvoordeel' gaat het hier – zolang het toch vooral de media zijn die de eis van een politicus 'balvoordeel' kunnen geven? Formuleringen als deze rakelen de angst op en scherpen het openbaar debat aan. De 'terreur' aan het begin van het begrip 'terreurverdachte' domineert de waarneming – dat het slechts om een verdenking gaat, staat erachter als iets van ondergeschikt belang, een voetnoot waarmee geen rekening hoeft te worden gehouden.

De bangmakers malen er overigens niet om dat ze een probleem met de empirie hebben. Want afgezien van de drie grote aanslagen in New York, Londen en Madrid is de westerse wereld ondanks de dagelijkse sombere geluiden haast volledig gespaard gebleven van terreur. De meeste aanslagen vinden plaats in Irak en Afghanistan; en dus zijn de meeste slachtoffers Irakezen en Afghanen. Daar zou men het met meer redenen kunnen hebben over terreurdreiging – hoewel die eerder het gevolg is van twee aanvalsoorlogen door de Amerikanen en niet van kennelijk ontoereikende (Duitse) veiligheidswetten.

Bij gebrek aan zichtbare gevaren moeten buitengewone bedreigingen worden opgeroepen. Graag maakt men daartoe gebruik van worstcasescenario's: een vliegtuig vol onschuldige burgers zou op de toren van de jaarbeurs in Frankfurt kunnen knallen (hoewel er al acht jaar geen vliegtuig meer door terroristen werd gekaapt). Een koffer met een kernbom zou ergens in Berlijn kunnen worden gedeponeerd. Hoeveel nuchterder gaan we in vergelijking daarmee om met inderdaad onontkoombare problemen die onze beschaving en maatschappij op losse schroeven stellen: groeiende armoede, gebrekkig onderwijs, milieuvervuiling.

Af en toe verovert de zoektocht naar terreurmeldingen absurd nieuw gebied. Bijvoorbeeld bij de gezamenlijke uitvinding van het begrip 'ecoterreur' door politie en media kan worden geconstateerd dat de mechanismen van de bangmakerij moeiteloos van het terrein van het 'radicale islamisme' kunnen worden overgebracht naar de lastige civiele samenleving. Op 10 november 2008 kopte *Der Standard* in Wenen: 'Britse politie bang voor ecoterroristen'. In het bericht werd de gerenommeerde Engelse zondagskrant *The Observer* geciteerd: een Britse speciale eenheid had een lijst met aanslagdoelwitten door binnenlandse milieuterroristen ontdekt. Centraal stond *Earth First!*, een koepelorganisatie van verschillende groene verenigingen en groepen, die vooral de publieke opinie bewerken en zomerkampen voor minderjarigen organiseren. Er waren weliswaar nog geen gecoördineerde aanvallen geweest, verklaarde een anonieme politiebron, maar de politie was ervan overtuigd dat strategieën en tactische manoeuvres in die zin weldra zouden worden ontwikkeld (opnieuw was de catastrofe slechts een kwestie van 'wanneer' en niet 'of'). Aanslagen tegen mensen zouden niet uitgesloten zijn. 'We hebben verschillende commentaren ontdekt die verklaarden dat viervijfde van de mensheid moest sterven om de overleving voor andere soorten mogelijk te maken.' Die insinuatie wordt in *The Observer* nog twee keer herhaald. Nadat het spook van de grootste massamoord in de geschiedenis uitvoerig is opgeroepen, wrijft de gewone lezer zich verbaasd in de ogen over de enige verschrikkelijke actie die als bewijs wordt aangevoerd: eind augustus werden in Berlijn zeven bankfilialen het slachtoffer van zware vandalenstreken – deursloten en bankkaartlezers waren met contactlijm besmeurd en beklad met het graffito 'Nee aan Britse poen'. In de artikelen is sprake van 'angst' en 'zorgen' van de overheid, van 'fanatisme' en 'illegale sabotage' van de activisten. Bewijzen voor de beschuldigingen worden niet geleverd.

In werkelijkheid zijn de milieuactivisten die tot de koepel van *Earth First!* behoren pacifistisch ingesteld. Er is door hen nog nooit iets tegen mensen ondernomen. De paar acties die werden gevoerd, waren tegen goederen gericht, wat veel milieuactivisten (onder wie ook de winnaar van de Nobelprijs voor de Vrede Al Gore) met het oog op de milieuverwoesting door menig concern als een legitieme vorm van burgerlijke ongehoorzaamheid beschouwen. Hoe je ook tegenover protestacties zoals die bij Gorleben staat – met terrorisme hebben ze niets te maken. Toch praten media en politici sinds geruime tijd over 'ecoterrorisme'. En daarmee worden niet de milieuzondaars bedoeld, maar een minderheid die zich actief inzet voor een schoon milieu en een duurzame economie. Dit soort belasteringen effenen het pad voor verdere repressieve maatregelen door de staatsorganen (want waar het etiket 'terrorisme' op is gekleefd, moet ook terrorisme in zitten) en daarmee voor wetten die onze grondrechten inperken.

In het genoemde voorbeeld werd *The Observer* gedwongen een rechtzetting te publiceren (nadat de politie op herhaalde vraag haar verdachtmakingen niet wilde bewijzen), maar meestal zeilen zulke artikelen zonder daaropvolgend recht van antwoord door de wijd geopende deuren van de informatiemaatschappij. Geregeld waarschuwt de pers ons voor verdere gevaren en verkondigt ze dat er plegers van aanslagen naar ons op weg zijn; aan het feit dat die verwachte aanslagen dan toch niet plaatsvinden, wordt in oorverdovende stilte voorbijgegaan.

Opmerkelijk is in dit verband het bijna totale eenheidsfront waarin de media elkaar hebben gevonden. Welke krant, welk televisieprogramma zou het wagen om bij de 'ernst van de toestand' en de 'mate van bedreiging' kritische vragen te stellen? Welke journalist wil in diskrediet geraken als iemand die begrip opbrengt voor terroristen omdat hij de noodzaak en het nut van de staatsstrijd tegen het terrorisme ernstig in twijfel trekt? Details worden wel bediscussieerd: misschien vindt de ene commentator de onlineopsporing niet helemaal zoals het hoort; voor een andere kan het met de nieuwe veiligheidswetten dan weer niet snel en niet ver genoeg gaan. Maar wie stelt de hamvraag: is het Westen, is onze beschaving inderdaad in gevaar? En zo ja, waardoor? Kennelijk heeft het haast voltallige mediacircus de premisse geaccepteerd dat het terrorisme (en niet bijvoorbeeld de bestrijding ervan) de westerse cultuur bedreigt en dat daar 'iets' (met name voornamelijk door het uitbreiden van de controlemogelijkheden van de staat) tegen gedaan moet worden.

Een van de zeldzame persorganen die zich een onafhankelijke berichtgeving over het thema veroorlooft, is het computertijdschrift *c't*, met de erbij horende homepage www.heise.de. Een technisch vakblad belast er zich dus mee de kwestie van de privacybescherming uitvoerig te behandelen, nieuwe controlemethoden te onderzoeken op hun ten dele eclatante technische gebreken en het effect ervan op vrijheid en privacy uit te leggen – terwijl de grote vertegenwoordigers van de burgerlijke verlichting het houden bij het herkauwen van steeds dezelfde slogans en scenario's (met uitzondering van een paar kritische journalisten). Naar aanleiding van de vijfentwintigste jaargang van *c't* in 2008 bejubelden tijdschriften en kranten het computertijdschrift voor zijn genuanceerde onderzoeksjournalistiek, maar niemand kwam op het idee om er wat van op te steken.

Als je nadenkt over de redenen voor die verbluffende eenstemmigheid in het medialandschap, kom je tot een diagnose die met het ideaalbeeld van een kritische persstem nog maar weinig gemeen heeft. De moderne media-industrie is een harde business met veel concurrentie, waar met zo weinig mogelijk tijd, geld en personeel moet worden gevochten voor een schaars goed: de publieke aandacht. Een bijdrage die wil ingaan tegen de mainstream moet zijn afwijkende mening gedetailleerd motiveren, wat de inzet van veel middelen vereist: research, overleg en genoeg plaats in het blad, om de gebaande denkpatronen overtuigend te weerleggen. Het kost aanzienlijk minder inspanningen om de heersende mening te volgen. Wie in zijn commentaar schrijft of zegt wat iedereen toch al denkt, haalt de deadline op zijn gemak. En natuurlijk let elke redactie er met argusogen op dat de hype van de dag niet wordt gemist. Door flink van elkaar over te schrijven, vermijdt men woedende verwijten van de hoofdredacteur: 'Waarom hebben die dat en wij niet?'

Een journalistiek die haar maatschappelijke verantwoordelijkheid op de achtergrond plaatst, schaadt de democratie. Een burger die de schrik op het lijf wordt gejaagd is niet 'mondig' en zal niet meer als een vrije, geïnformeerde, zelfbewuste mens kunnen deelnemen aan politieke ontwikkelingen. Angst is altijd al een drukmiddel geweest, in godsdiensten bijvoorbeeld, die met vagevuur en hel dreigen om het individu zo ver te brengen dat hij zijn achterstelling zwijgend accepteert. Angst is het belangrijkste instrument van dictaturen die hun bevolking terroriseren om uitbuitingstoestanden te stabiliseren. Waar angst een politiek middel wordt, klopt er iets niet. Werkelijk vrije media mogen niet op dezelfde lijn zitten als de politiek, al mag het adagium *angst sells* nog honderd keer waar zijn.

Los van de inschatting van de huidige problemen en risico's kan het geen objectief juiste strategie zijn om mensen met ongedifferentieerde indianenverhalen bang te maken. Hoezeer we ons in dit stuk van de wereld ook onderscheiden door het onvoorwaardelijke geloof in het gedrukte en uitgezonden woord – het is de hoogste tijd voor elk van ons om zich te distantiëren van dit soort berichtgeving. Het moet voor iedereen duidelijk zijn dat begrippen als 'terreurverdachte', 'risicopotentieel', 'islamistische cel', 'radicaal islamisme' geen realiteit beschrijven maar vooral politieke ensceneringen met een kolossale overtuigingskracht zijn. Als er van de overheid geen echt kritische vragen meer komen, moet het des te meer een zaak van het individu worden. Wie zichzelf respecteert, mag zich niet laten verlagen tot een consument van politiek en informatie die men netjes laat meewandelen aan de lijn van zijn persoonlijke behoeften en angsten.

Negende hoofdstuk: want ze weten niet wat ze doen

Eigenlijk loopt alles prima, maar toch hebben we meer controle nodig.
Angela Merkel

Laten we ervan uitgaan dat u behoort tot de minderheid die zich ten eerste voor persoonlijke vrijheid en ten tweede voor de democratische gesteldheid van uw land interesseert. Misschien hebt u net iets gelezen over 'Echelon', het wereldwijde afluistersysteem dat de Amerikaanse geheime dienst in samenwerking met de Europese diensten gebruikt om met behulp van honderdtwintig geostationaire satellieten en tientallen over de hele planeet verspreide afluisterstations wereldwijd het mobiele en vaste telefoonverkeer en de internetcorrespondentie te kunnen registreren. Of u hebt vernomen dat de EU eventueel al vanaf 2010 alle eurobankbiljetten van RFID-chips wil voorzien, zodat men in de toekomst zal kunnen nagaan of het biljet dat u daarnet hebt afgehaald aan de automaat in de handen van een zwartwerker of een illegale prostituee belandt. Of hebt u gehoord dat specialisten aan een systeem werken om echte insecten in draadloos bestuurde vliegende afluisterapparaten te veranderen. Misschien kent u ook het EU-expertsplatform 'Feel Europe', dat aan de technologie werkt waarmee menselijke emoties aan de gezichtsuitdrukking kunnen worden afgelezen en waarmee op afstand polsslag en EEG kunnen worden gemeten – om mensen met verkeerde gevoelens, zeg maar 'terroristen', in de openbare ruimte te identificeren.

Nu is het genoeg, denkt u. De volgende verkiezing staat voor de deur en u besluit uw democratische inspraakrecht te gebruiken om u te verzetten tegen de omvorming van onze maatschappij in een George Orwell-fantasie. U zult stemmen op een partij die begrepen heeft dat de wedloop in de informatietechnologie niet verenigbaar is met de democratische idee. U wilt kiezen voor een volksvertegenwoordiger die de burgerrechten ernstig neemt en die het niet eens is met de opvatting van de toenmalige Britse premier John Major:

'Ik twijfel er niet aan dat we wel wat protest zullen horen in verband met de bedreiging van de burgerrechten. Nou, ik heb hoegenaamd geen sympathie voor zogenaamde rechten van dien aard.'

Zogenaamde burgerrechten dus, die in werkelijkheid alleen sluipmiddelen voor terroristen en andere maatschappelijk gevaarlijke individuen zijn. Een merkwaardige uitlating voor een beroepsdemocraat. Maar, denkt u misschien, we zijn hier niet in Engeland.

Nu staat u in een Duits kieshokje en vraagt u zich af aan wie u met een goed geweten uw stem kunt geven. Daar is enerzijds de CDU. De partij die onder leiding van Wolfgang Schäuble al jaren probeert Bundestrojaner* door te drukken, evenals toelatingen voor het neerhalen van passagiersvliegtuigen, voor terreurbestanden en voor centrale vingerafdrukdatabanken. Een volkspartij waarvan de voorzitter en de kanselier niet alleen de oorlog in Irak een goed middel vonden om het terrorisme te bestrijden, maar die ook merkwaardige opvattingen heeft over de toekomst van onze maatschappij: 'We zullen niet toelaten dat er technische mogelijkheden bestaan die de staat onbenut laat.'

De staat moet dus alles realiseren wat de techniek toelaat? Stelt u zich eens voor wat dat werkelijk betekent, beste lezer, en u zult er misselijk van worden.

Anderzijds is er de SPD, die met behulp van de vroegere minister van Binnenlandse Zaken Otto Schily de 'Otto-catalogi'

---

* Het woord 'Bundestrojaner' suggereert een krijgslist tegen een anders onoverwinnelijke tegenstander, maar in feite wordt de software bedoeld voor het hacken van privécomputers door de staat (noot v.d. vert.).

(naar het Duitse postorderbedrijf Otto) en daarmee de eerste reeks terrorismebestrijdingswetten heeft ingevoerd. In de grote coalitie doet deze partij telkens mee aan het uitvaardigen van wetten die ongrondwettelijk zijn.

De Groenen ontdekken tegenwoordig weliswaar hun liefde voor de burgerrechten sinds op de opiniepagina's af en toe bijdragen verschijnen over privacybescherming en ze spreken zich daarom ook uit tegen het bewaren van data en tegen de 'grote afluisteractie'. Maar voordien zaten ze wel zeven jaar lang in de regering die in Brussel vaart zette achter de invoering van elektronische passen, en bij de afbraak van de vrijheidsrechten vielen ze vooral op door zwijgen en meelopen.

Ook *Die Linke** vindt de 'grote afluisteractie' maar niks, wat heel wat geloofwaardiger zou zijn als ze niet voor een groot deel uit de PDS** bestond. In haar vroegere vorm als SED heeft die partij heel eigen ervaringen met het controleren en vernederen van burgers door een alomtegenwoordige Stasi bijeengesprokkeld. De relatie van Die Linke met haar DDR-verleden is, voorzichtig gezegd, ambivalent.

Dus blijft er alleen nog de FDP over, die zich in een liberale reflex al eens uitspreekt tegen de belastingidentificatienummers, het bewaren van passagiersgegevens en biometrische registratie. Maar tweederde van haar leden stemde wel voor de 'grote afluisteractie', waarop de toenmalige minister voor Justitie Leutheusser-Schnarrenberger haar functie neerlegde. Anders dan burgerlijk-liberale denkers zoals Burkhard Hirsch, Gerhart Baum en Sabine Leutheusser-Schnarrenberger verdedigt de partij vandaag haast nog uitsluitend economisch liberale standpunten. Haar verhouding met de individuele vrijheid is ondoordacht en opportunistisch. Partijleider Guido Westerwelle eiste

---

* In 2007 opgerichte fusiepartij van de socialistische Linkspartei en de sociaal-democratische WASG (noot v.d. vert.).
** De oud-communisten (noot v.d. vert.).

in 2001 de invoering van de biometrische identiteitskaart, wat FDP-woordvoerster voor binnenlandse aangelegenheden Gisela Piltz een paar jaar later een 'verdere stap naar de totale controle' noemde.

Voor wie gaat u dus kiezen?

Het is een feit dat geen enkele van de partijen in Duitsland die ertoe doen een duidelijk standpunt inneemt over de persoonlijke vrijheid en de rechtsstaat in dit communicatietijdperk. Er zijn geen concepten, er wordt niet fundamenteel nagedacht over de vraag op welke manier een maatschappij waarin haast iedereen alles over iedereen kan weten, in evenwicht moet worden gebracht. In alle partijen is er de consensus dat het 'internationale terrorisme' een existentieel gevaar betekent dat slechts met het uitvaardigen van nieuwe wetten kan worden bestreden. De rest zijn fijne afstemmingen: een beetje meer exclusieve bevoegdheid voor de rechterlijke macht hier, wat meer rechten om getuigenisaflegging te weigeren daar. Zelfs medewerkers van de federale recherche en van de deelstaatpolitiediensten beklemtonen dat ze voor hun inlichtingendiensten en strafvervolging geen nieuwe bevoegdheden nodig hebben, slechts middelen om de reeds voorhanden bevoegdheden succesvol in te zetten, maar dat lijkt niemand te interesseren. Het gaat niet om feitelijke kwesties, maar om een verdeling van de lucratieve aandachtskoek genaamd 'binnenlandse veiligheid'. Geen enkele partij wil afstand doen van haar stuk van die koek.

En dus horen we tijdens elke persconferentie en in elke talkshow een retorisch geschipper, waarbij moeilijk te beoordelen valt of dat te wijten is aan manipulatieve bedoelingen dan wel aan een rampzalig gebrek aan technische kennis van de geplande maatregelen. Wanneer de 'noodzaak' om de grondrechten af te bouwen moet worden gemotiveerd, neemt de uitleg waarlijk propagandistische afmetingen aan. Doorgaans volstaat mysterieuze 'situationeel bepaalde noodzaak' als verklaring.

Onder politici is het intussen cool om geen idee te hebben van de details van geplande maatregelen. Kennelijk menen ze op die manier bij het gewone volk in het gevlij te komen – alsof je met onbenullige cafépraat 'dichter bij de mensen staat'. Er wordt naar hartelust gekoketteerd met de onbegrijpelijkheid van de informatietechnologie. Tenslotte weet de kiezer ook niet wat een IP-adres is. Veel hooggeplaatste politici behoren tot een generatie die 'het internet laat uitprinten'. Hun gebrek aan technische kennis is ongetwijfeld oprecht. Maar ze zouden zich kunnen laten informeren, voor ze op een podium onzin gaan zitten debiteren. In plaats daarvan beroepen de politici zich op 'deskundigen' en 'vakmensen' die op de hoogte zijn van de praktische kwesties. Ze willen niet overkomen als 'nerds' die technisch jargon bezigen en het zicht op het geheel kwijt zijn. Ze zijn tenslotte ook maar gewone mensen die zich zorgen maken om de terechte veiligheidsbelangen van andere gewone mensen. De vraag blijft hoe een belang terecht kan zijn als niemand (behalve dan de desbetreffende industrieën) heeft begrepen waar het eigenlijk om gaat.

De hoofdvogel inzake incompetentie werd afgeschoten door Wolfgang Bosbach, de adjunct-voorzitter van de christen-democratische fractie in het parlement:

'Onlineopsporing, dat gebeurt niet met mes en vork, en ook niet met een veldkijker. Daarvoor hebben we de modernste IT-techniek nodig, en een mail kan daarvan een voorbeeld zijn.'

De mail als voorbeeld van de modernste IT-techniek, bijna als ons meest waardevolle geheime wapen in de strijd tegen het terrorisme, als revolutionaire nieuwigheid in de handen van een politie die traditioneel met mes en vork te werk ging – zelfs de Beierse cabaretier Gerhart Polt zou een kluif hebben aan wat sommige politici plechtig voor de pers verkondigen. Legendarisch zijn intussen ook de uitlatingen van Wolfgang Schäuble over dit onderwerp, dat omwille van het acuut gestamel nauwelijks citeerbaar is:

'Onder onlineopsporing worden verschillende dingen verstaan, dat is duidelijk. Er wordt ... er wordt zowel verstaan ... van de telecommunicatie ... van de ... het verkeer, evenals de doorzoeking van de systemen zelf, omdat de technische ontwikkeling nu eenmaal zo is, maar hier moeten we in feite bijna de ... de ... de internetexperts preciezere vragen stellen. Zich zo ontwikkelt, dat nou net onze, of míjn voorstelling als leek, dat internet iets is als een moderne telefooncentrale, dat klopt allang niet meer, en daarom hebben we iets nodig ... Als u wilt, kan mijnheer Fromm u dat beter uitleggen, die begrijpt er iets van, helemaal begrijpen waarschijnlijk ook niet, want het zou ook niet goed zijn (gelach bij de verzamelde pers) als de directeur van de binnenlandse veiligheidsdienst een online-expert was.'

Er bestaan talloze andere citaten waarin Schäuble beklemtoont dat hij noch zijn medestanders in de strijd tegen het terrorisme begrijpen welke instrumenten ze eigenlijk eisen.

Dit soort onwetendheid zet de deur wagenwijd open voor ongegronde beweringen, verdraaiingen van de werkelijkheid en propagandistische misleidingen. Een mooi voorbeeld zijn de 'argumentaties' van Jörg Ziercke, de chef van de federale recherche die vaak en graag het podium beklimt en in microfoons praat. Op een vraag over het thema 'onlineopsporing' antwoordde Ziercke:

'We moeten de technische vooruitgang op de voet kunnen volgen wanneer scrupuleuze misdadigers naar het internet uitwijken en daar hun aanslagen plannen en hun criminele daden voorbereiden.'

Wie hier uitwijkt, is vooral Ziercke, want de onlineopsporing, dus de controle door de politie van private harde schijven, heeft niets te maken met 'het internet'. Maar in het allegaartje van Ziercke zijn harddisk, e-mail en internet een en hetzelfde. Het internet, ach! Telkens weer wordt het afgeschilderd als het rijk van het Kwaad, dat in zijn algemeenheid moet worden bestreden. Volgens Ziercke vind je op het internet 'gebruiksaanwijzingen om bommen te maken, opdrachten voor het plegen van een aanslag, de rekrutering van jonge mensen voor de jihad' omdat het internet 'hét communicatiemiddel van het internationale terrorisme' is. Alsof iedereen behalve Osama bin Laden postduiven kweekt! Tot verbazing van Ziercke werkt 'het circuit' bijvoorbeeld niet openlijk aan zijn duistere plannen, maar 'conspiratief' en 'in het verborgene', het 'codeert' en 'verduistert'. Het blijft onduidelijk waar Ziercke zijn 'aanslagplannen' en 'opdrachten' vandaan heeft als alles gecodeerd en duister is. Of met andere woorden: waartoe heeft hij de onlineopsporing nodig als hij nu al kan nagaan wat de terroristen op internet zoal uitspoken? In ieder geval ziet de scherpe blik van Ziercke het internet als 'hét misdaadmiddel van de toekomst. Het is het nu al in feite.'

Wat zo ongeveer overeenkomt met roepen dat een bos gevaarlijk is omdat je uit hout speren kunt vervaardigen.

Volgens die argumentatie vereist het algemene gevaar van het internet algemene tegenmaatregelen. In het duistere bos moet de overheid alle middelen krijgen ('onder onlineopsporing worden verschillende dingen verstaan, dat is duidelijk', Wolfgang Schäuble). Bijvoorbeeld ook de bij ons eigenlijk afgeschafte censuur: de federale recherche bereidt momenteel een overeenkomst voor die de serviceproviders zal verplichten hun klanten de toegang tot bepaalde websites te verbieden. Welke websites dat zijn, staat op een geheime domeinlijst die dus niet met rechtsmiddelen kan worden aangevochten.

Voor het geval niet iedereen toehapt op de bedreiging van 'het internationale terrorisme', serveert Ziercke aansluitend meteen ook een rijk buffet van slogans met voor elk wat wils. Want het internet is tot overmaat van ramp een oase voor 'kinderpornografie', 'extreemrechtse propaganda', 'witteboordencriminaliteit', 'mensenhandel' en 'vrouwenhandel'. Op al onze morele gevoeligheden moet een appèl worden gedaan: de bescherming van vrouwen en kinderen, de strijd tegen de slavernij en het fascisme. Wie concrete gegevens of zelfs bewijzen eist, bagatelliseert het gevaar en onderscheidt zich nog nauwelijks van de medeplichtige. Volgens Ziercke schat de publieke opinie 'de dramatische ontwikkeling op het internet niet correct in'. Tja: soms gaat er weleens iemand gewoon wandelen in het bos om iets te leren en om plezier te maken. Hoe naïef en onverantwoordelijk is dat?

Retorische paradoxen, doorzichtige schijnargumentaties en argumentatieve tegenstrijdigheden zouden echter niet mogelijk zijn als ze niet door een daaraan beantwoordende basisopvatting werden gedragen. Niemand heeft dit zo briljant geformuleerd als bondskanselier Angela Merkel: 'Eigenlijk loopt alles prima, maar toch hebben we meer controle nodig.'

Die zin zouden we op onze muismatjes moeten aanbrengen. Hij verklaart wat er zich al jaren op het vlak van binnenlandse veiligheid voor onze verbaasde ogen afspeelt. Het gaat niet om terrorisme, kinderpornografie en mensenhandel. Het gaat om iets veel essentiëlers – om controle als doel op zichzelf. De regeerders worden kennelijk geplaagd door het gevoel dat ze de staat niet kunnen laten zoals hij is nadat de pijlsnelle ontwikkelingen op het vlak van de informatietechnologie onze maatschappijen de voorbije decennia zo sterk hebben veranderd. Ze proberen een aanpassingsbeweging uit, en daarom wordt ook voortdurend gezwetst over 'tred houden met de technische vooruitgang' (Ziercke) en 'rechtsvrije ruimten op het internet' (Pofalla, Merkel, Beckstein).

De politici beweren dat er een noodzaak tot handelen bestaat, terwijl er op de eerste plaats een debat nodig is, met name over de vraag in hoeverre en op welke manier de staat kan en moet reageren op technologische en maatschappelijke ontwikkelingen. Die vraag is voor onze toekomst van doorslaggevend belang. Ze betreft ook domeinen zoals de commerciële dataverwerking in de economie en de gevolgen ervan voor het individu; ze betreft stemcomputers en bio-ethiek, patiëntenkaarten en burgerservicenummers; ze betreft ons hele mens-, staats- en maatschappijbeeld, en verdient een uitvoerig debat. De vraag wordt echter niet gesteld, maar met doemscenario's toegedekt. Volgens Angela Merkel hoort bijvoorbeeld de videobewaking tot de dingen 'waarover je niet hoeft te discussiëren, die je gewoon moet doen'.

Welk mens- en maatschappijbeeld de bondskanselier achter opgestelde videocamera's verbergt, laat de volgende uitspraak nog angstaanjagend veel duidelijker zien:

'Je mag niet zeggen: ach, dat is allemaal niet zo erg. Hier een beetje afval op straat gegooid en daar iemand een stomp gegeven, hier wat op het trottoir gereden en daar eens op de derde rij geparkeerd. Telkens onder het motto: dat is toch niet zo erg. Het zijn allemaal wetsovertredingen, en wie die één keer duldt, kan nadien niet meer uitleggen waarom het op een gegeven ogenblik wel erg wordt. Daarom: nultolerantie bij binnenlandse veiligheid, dames en heren.'

Daarover gaat het dus in werkelijkheid als er sprake is van 'binnenlandse veiligheid': over de betuttelde burger, over op straat gegooide kauwgompapiertjes, over de lijn die elk van ons elke dag om moet krijgen, kortom, over het vermijden van 'sociaal schadelijk gedrag'. 'Anti-social behaviour' noemen de Britten het, en ze bestrijden het al sedert geruime tijd met allerlei groteske middelen. De logica erachter luidt: wie toelaat dat iemand bij rood licht de straat oversteekt, rechtvaardigt ook massamoord. Een staat die zich baseert op die premisse stel je je zelfs in je ergste nachtmerrie liever niet voor.

Terecht kan men het huidige gedrag van de politici al vrij onacceptabel vinden. Werkelijk obscuur wordt het echter als men nagaat op welke wijze de binnenlandse veiligheid in de wetgevende praktijk wordt omgezet. De ene wet na de andere wordt door de instanties gejaagd, vaak overhaast geformuleerd en niet voldoende besproken – legislatieve voortijdige geboorten, die met een akelige regelmaat bij het Constitutioneel Hof belanden, waar de opperste rechters ze ongrondwettelijk bevinden. De meeste veiligheidspolitici lijken er niet meer ernstig over na te denken waar de grenzen van het grondwettelijk toelaatbare lopen. Ze hebben veel meer belangstelling voor de vraag hoe men die grenzen – desnoods door een grondwetswijziging – kan oprekken. Of hoe men binnen die grenzen tot de verregaandste beperking van grondrechten kan komen. Dat laatste kan worden uitgetest door politiek maximale eisen in wettelijke vorm te gieten en het nadenken over de grondwettelijkheid te 'delegeren' naar Karlsruhe. De rechters krijgen dan tot taak de scherpste randjes van de nieuwe voorstellen zo ver terug te snoeien tot ze nog net onder de grondwettelijke paraplu passen. Daarna danken de politici het Constitutioneel Hof hartelijk voor de 'verduidelijking' (bijvoorbeeld na het vonnis over de onlineopsporing in de nieuwe Wet op de federale recherche). Als ze echter bijzonder ontevreden zijn over het resultaat, verwijten ze de rechters dat die hun bevoegdheden misbruiken en te veel aan politiek doen – in plaats van te bedenken dat ze misschien de grondwet te weinig hebben bestudeerd alvorens een wet uit te vaardigen.

Tragisch genoeg leren de veiligheidspolitici niets uit de pijnlijke lessen van het Constitutioneel Hof. In plaats van halt te houden, de balans op te maken en terug te keren naar politiek met inzicht en verstandige zelfbeperking als het om kwesties gaat die met de grondwet te maken hebben, worden aan de lopende band nieuwe ontwerpen geformuleerd. Zestig jaar al wordt de grondwet in scholen en zondagspreken als het fundament van de maatschappij geloofd. In de strijd tegen het terrorisme wordt hij als een lastige hindernis behandeld, als een laatste bolwerk van politiek correcte muggenzifters en bezwaarmakers.

Niet alle politici die weinig sympathie kunnen opbrengen voor de 'zogenaamde burgerrechten' zeggen dat zo duidelijk als John Major het deed. De neiging om grondrechten als misdadigersrechten te beschouwen weerspiegelt zich echter in de resultaten van acht jaar veiligheidsbeleid. Nooit eerder zijn de grondrechtnormen in functionerende democratieën zo snel afgebroken. Zelfs voormalige medewerkers van de regering-Bush bevestigden het paranoïde denken van de leiders. Zoals Lawrence Wilkerson, de stafchef van de voormalig minister van Buitenlandse Zaken Colin Powell, nadien toegaf: '(Vicepresident) Cheney joeg vastberaden een zwart-wit idee na, waarbij de veiligheid van Amerika voorrang had op alles. Hij dacht dat perfecte veiligheid kon worden bereikt. Ik kan hem niet verwijten dat hij de veiligheid van Amerika op het oog had, maar hij was bereid het hele land te gronde te richten om het te redden.'

Eenzelfde fatale denkwijze ligt ook aan de basis van de beslissingen van de meeste ministers van Binnenlandse Zaken in Europa.

Niet alleen rechters van het Constitutioneel Hof kunnen lastige hindernissen in de strijd tegen het terrorisme worden, ook de nationale parlementen. Wanneer een gewenste maatregel niet de nodige meerderheid dreigt te krijgen, dan wordt er 'gedrieband' – de eigen wetgevende vergadering wordt omzeild met behulp van de EU-instanties in Brussel. Dat functioneert zo goed omdat beslissingen op EU-vlak net zoals voorheen hoofdzakelijk door vertegenwoordigers van de uitvoerende macht worden genomen. In de Raad ontmoeten de ministers van de lidstaten elkaar om bijvoorbeeld een verordening over biometrische reispassen aan te nemen (dat gebeurde op 13 december 2004). Het Europees Parlement wordt daarbij netjes omzeild. Ten slotte gaat die bindende verordening naar de nationale parlementen, die verplicht zijn de maatregelen om te zetten – en de nieuwe reispassen met vingerafdrukken zijn een feit. Als dan bij kritische stemmen de mondhoeken omlaag- en de schouders omhooggaan en het nog maar eens luidt dat de verantwoordelijkheid voor de nieuwe regeling toch in Brussel ligt, is dat politieke huichelarij. 'Brussel' is geen in hoger sferen verkerende instantie die wordt bestuurd door bovenaardse wezens. Het zijn onze ministers die daar hoogstpersoonlijk aan de touwtjes trekken.

En ze doen dat behoorlijk ijverig! Behalve de biometrische reispassen stonden en staan luchtveiligheid, databewaring, het Europese arrestatiebevel, de oprichting van een centrale databank voor vingerafdrukken van alle burgers, evenals een heleboel kwesties van het vreemdelingenrecht op de Brusselse antiterreuragenda – en dat ondanks het feit dat binnenlandse veiligheid volgens de geldende EU-verdragen tot nader order nog altijd niet onder het Europese recht valt. Sinds 2007 bestaat er een door Wolfgang Schäuble en de vroegere EU-commissaris voor Justitie Frattini opgerichte 'Future Group', een 'hooggeplaatste informele groep' waarin de Europese ministers van Binnenlandse Zaken de nieuwe richtlijnen van het Europees binnenlands beleid ontwikkelen. Hooggeplaatst en informeel – met andere woorden ver weg van openbaarheid en parlementaire controle.

Dat is niet alleen bedenkelijk omdat de nationale parlementen geen deel hebben aan het ontstaan van het EU-recht en de bevoegdheden van het Europees Parlement de deficits lang niet compenseren. Problematisch is vooral dat het voor individuen uiterst moeilijk is bescherming van de grondrechten op Europees vlak te verkrijgen. En in eigen land zijn de beschermingsmaatregelen tegen wetten die op basis van EU-beslissingen tot stand komen, sterk ingeperkt. Wie slechte bedoelingen vermoedt, is een gek.

Het toppunt van flexibel gebruik van de rechtsbescherming in de strijd tegen de terreur heeft echter nog maar eens betrekking op Amerika – en niet alleen aangaande het principe 'Guantánamo', waarmee de minister van Binnenlandse Zaken ook bij ons sympathiseert ('Wie zegt dat Guantánamo niet de juiste oplossing is, moet maar bereid zijn om na te denken wat dan een betere oplossing zou kunnen zijn'). Nadat *The New York Times* bekendgemaakt had dat president Bush de geheime dienst opdracht had gegeven om telefoonlijnen van Amerikaanse burgers zonder gerechtelijk bevel af te tappen, verordende de Amerikaanse regering in een handomdraai dat het hele programma een staatsgeheim was en dat alle klachten daaromtrent moesten worden afgewezen vanwege het recht van de uitvoerende macht op vertrouwelijkheid. Op dezelfde manier gingen de Amerikaanse rechtbanken om met de klacht van de Duitse staatsburger Khaled al-Masri, die tijdens een zakenreis naar Macedonië door Amerikaanse agenten werd ontvoerd, naar Afghanistan weggevoerd en daar gefolterd, tot men hem ergens in Albanië afzette nadat de agenten hadden vastgesteld dat ze de verkeerde man hadden gepakt. Opnieuw argumenteerde de regering dat een proces onmogelijk was vanwege de bescherming van geheime informatie. Het Opperste Gerechtshof vond het niet eens nodig na te gaan of staatsgeheimhouding boven de grond- en burgerrechten staat – waarmee het die vraag natuurlijk indirect beantwoordde.

Het probleem van veiligheidsbeleid bestaat er niet in dat de menselijke verhouding tot de veiligheid irrationeel is. We hebben pas echt een probleem wanneer politici van die irrationaliteit profiteren. Ook in de politiek geldt *angst sells*. De business van het onveiligheidsgevoel is een vast bestanddeel van het profileringscircus. Bovendien is angst zoals iedereen weet een beproefd middel van machtsuitoefening. Omdat een democratische regering terreur niet als politiek middel ter beschikking heeft, bedient ze zich dan maar van het 'terrorisme' van anderen.

Net als zijn voorganger slaat minister Schäuble geen acht op de moeilijke evenwichtsoefening tussen veiligheid en vrijheid. Alleen veiligheid maakt vrijheid mogelijk, zegt de minister met alle waardigheid van zijn ambt, en daarmee bewijst hij van wiens 'onderdanengeest' hij het kind is. Hoe schamel zijn dit soort uitspraken als je ze vergelijkt met de oproep van een politicus van een ander formaat, die in heel wat duisterder tijden zijn verantwoordelijkheid opnam: 'Laat me u zeggen dat het mijn vaste overtuiging is dat we maar één ding moeten vrezen: de vrees zelf – naamloze, onbezonnen, ongerechtvaardigde angst (…)'

Zo sprak Franklin D. Roosevelt bij zijn ambtsaanvaarding. Vandaag blijft iedereen die zijn meningen niet wil baseren op bangmakerij maar op het vaste geloof in het succesverhaal van vrijheid, democratie en rechtsstaat, politiek dakloos. Het wordt tijd voor een nieuwe generatie politici, die ruggegraat tonen en zich uitspreken voor de principes van persoonlijke vrijheid. Die vaart zetten achter de dringend noodzakelijke bescherming van de privacy (die door alle privacybeschermers van welke partij ook wordt geëist) in plaats van na te denken hoe ze de zelfbescherming van de burger (bijvoorbeeld door databeveiligingsprogramma's zoals TOR of PGP) kunnen verbieden. Een politicus moet worden gemeten aan het feit of hij opkomt voor het gezond verstand dan wel of hij angst verspreidt.

Tiende hoofdstuk: vernietig de vijand

Vijanden bestraf je niet. Vijanden eer je en vernietig je.
Gerd Roellecke, professor staatsrecht

Een terrorist heeft een bom in een vliegtuig gesmokkeld. De bom ligt op zijn knieën en tikt. Hij heeft een code van veertien cijfers, die alleen de terrorist kent. Het vliegtuig bevindt zich boven de Himalaya, een noodlanding is uitgesloten. Dadelijk zal het tuig exploderen, alle passagiers moeten sterven. Toevallig is er ook een politieagent aan boord. Hij beveelt de terrorist de codecijfers te noemen. De terrorist weigert. Daarop rammelt de politieman de terrorist af. Die wil niet langer worden geslagen en geeft de code. Het vliegtuig en alle passagiers zijn gered.

Dit is niet de plot van de allerslechtste Hollywoodfilm ooit en ook geen absurde grap zonder pointe. Dit is het scenario waarmee gerenommeerde hoogleraren recht motiveren waarom foltering in bepaalde situaties niet alleen toegelaten maar ook aangewezen is.

Meteen na de aanslagen van 11 september 2001 gaf de Amerikaanse vicepresident Cheney aan een hele meute rechtswetenschappers de opdracht om onder volledige geheimhouding juridische rechtvaardigingen voor een uitbreiding van de regeringsmacht uit te werken. Als resultaat daarvan mochten nu voor het eerst in de geschiedenis van de vs gevangenen psychisch en fysiek worden gefolterd. 'Terreurverdachten' werden ontvoerd en zonder aanklacht voor onbepaalde tijd vastgehouden (niet alleen in Guantánamo), zonder contact met hun familie, advocaten of internationale organisaties zoals het Rode Kruis.

Dat is alleen in Amerika zo, denkt u misschien, en er is hoop dat Barack Obama het in de toekomst weer in orde zal brengen, hoewel het met zijn voornemen de illegale gevangenenkampen te sluiten nu toch ook weer niet zo veel zaaks lijkt te zijn als tijdens de verkiezingsstrijd. De advocaten van de nieuwe regering hebben in maart 2009 voor het gerecht de bevoegdheid van de president om 'personen vast te houden, (...) die de Taliban of Al-Qaida steunen verdedigd'. Deze houding, schrijft *The New York Times*, wijkt nauwelijks af van die van de regering-Bush. Wat zou u echter zeggen als deze denkwijze allang via de Oceaan is overgewaaid en bij ons uitgerekend de mensen heeft geïnfecteerd die in theoretisch en praktisch opzicht voor het behoud van de rechtsstaat moeten instaan – namelijk de juristen?

Laten we terugkeren naar onze politieagent, terrorist en bom in het vliegtuig. Wat valt daar nog na te denken? Reeds suizen de vuisten op de stamtafel neer: natuurlijk! De politieman moet die smeerlap in elkaar timmeren, hij moet de code uit hem slaan! Hij moet hem folteren om onschuldige mensen te redden!

Wanneer honderd onschuldige mensen worden bedreigd, onder wie natuurlijk een paar vrouwen en kinderen, kunt u ervan op aan dat er schrikbarende argumentaties zullen volgen die alle principes van de rechtsstaat op hun kop zetten. 'Honderd onschuldige mensen' zijn de signaalprikkel waarmee het verstand wordt uitgeschakeld en waarmee aan de buik wordt geappelleerd. Bijvoorbeeld door Reinhard Merkel, hoogleraar strafrecht in Hamburg. Hij is van mening dat een staat die ondanks een bedreiging niet foltert, medeplichtig wordt aan massamoord. In wezen heeft professor Merkel niet eens een moreel probleem met folteren, omdat het in zijn hoofd zelfs niet de politieman is die in dit geval gewelddadig wordt, maar de terrorist zelf. Ja, beste lezer, dat hebt u goed begrepen: eigenlijk foltert de terrorist zichzelf, want door het leggen van de bom heeft hij de foltering uitgelokt en is hij er zelf verantwoordelijk voor. Als u dat argument op het verkeer toepast, kunt u zonder gewetensproblemen een auto rammen die bij rood licht het kruispunt over rijdt. Het is dan de andere auto die zichzelf ramt, omdat zijn chauffeur het ongeval heeft uitgelokt door zijn foute gedrag.

Klaus Günther, een collega van Merkel in Frankfurt, draait de spiraal nog een absurd stuk verder. In navolging van Hegel beweert hij dat de terrorist door de foltering in feite als een verstandig wezen wordt 'geëerd'. Tenslotte heeft de terrorist toch vrijwillig (en 'verstandig'?) beslist om die bom te leggen. Foltering is dus in feite een vorm van beleefdheid, vermoedelijk een onderdeel van de wedergeboorte van de omgangsvormen uit de hoge burgerij of misschien wel de aristocratie. Staat u ons toe dat we u als teken van onze welgemeende achting een paar stroomstoten toedienen? Mogen we u misschien behulpzaam zijn bij de waterboarding? Geen dank, graag gedaan!

Uiteindelijk komt Reinhard Merkel tot het resultaat dat Duitsland het verdrag tegen de foltering, het Europese verdrag van de mensenrechten en de internationale overeenkomst voor burgerlijke en politieke rechten niet had mogen ondertekenen, omdat die volkenrechtelijke verdragen een absoluut folterverbod bevatten. Dat krabbelt hij niet in runenschrift in zijn geheime dagboek, hij publiceert het in een artikel in *Die Zeit*. Waarom veroorzaakt het geen schandaal als hoogleraren recht in Duitsland in het openbaar verlangen dat het absolute folterverbod tot een soort lightversie wordt afgezwakt? Waarom gaat er geen kreet van verontwaardiging door het land als de rechtmatigheid van internationale verdragen wordt betwijfeld, verdragen die toch de kwintessens van onze beschavingsverworvenheden belichamen? Een deel van de waarden, waartoe we voortdurend werden opgeroepen ze te verdedigen, is al verloren gegaan. Een deel van de maatschappij is al opgeschoven in de richting van de barbaarsheid. En de bewering dat de terroristen daarvan de schuld zijn, is armzalig – want wat is een moraal waard die al bij de eerste uitdaging in lucht opgaat?

Opnieuw bewegen we ons in de richting van de verleidelijke dwaalleer dat in bepaalde situaties algemeen bindende normen mogen en moeten worden genegeerd. Er zijn allang opnieuw juristen die in het uitzonderingsgeval geloven, dus in de rechtsvrije ruimte waar de 'normale' wetten niet meer gelden. Als een verdachte daarin terechtkomt, verliest hij zijn status als rechtspersoon en daarmee als mens. De vraag of de staat ook zijn vijanden als rechtsubjecten moet eerbiedigen, wordt de laatste tijd door enkele juristen met een duidelijk 'nee!' beantwoord. De vijand staat, met hoogleraar staatsrecht Otto Depenheuer gesproken, buiten het maatschappelijk contract.

Wie over het uitzonderingsgeval beslist heeft Carl Schmitt, de beroemde en beruchte deskundige op het gebied van staatsrecht in de Weimarrepubliek en juridische wegbereider van de 'totale staat', ooit voor eens en voor altijd vastgelegd: 'In het uitzonderingsgeval heft de staat het recht op', of ook: 'Soeverein is wie over de uitzonderingstoestand beslist.' Vrij vertaald wil dat zeggen: wie een geweer heeft, heeft gelijk. Om welke soort 'soeverein' het volgens deze definities gaat, weten we sinds 1933. Dat belemmert hedendaagse juridische theoretici niet om zich openlijk of bedekt te beroepen op het gedachtegoed van Schmitt.

Let u eens op de structuur van de voorbeeldgevallen waarmee Jan met de pet warm moet worden gemaakt voor radicale denktranten. U zult vaststellen dat alle doemscenario's dezelfde hoofdingrediënten hebben. Altijd is het zonneklaar dat we met een terrorist te maken hebben – die premisse ligt onomstotelijk aan de basis (bij Merkel is het iemand van 'een of andere terroristische herkomst' die een zelfmoordaanslag wil plegen). Verder staat vast dat de bedreigde mensen dus door het nagestreefde gedrag met zekerheid kunnen worden gered. Bovendien is steeds als bij wonder iemand van het staatsgezag in de buurt en tot handelen in staat – een politieagent zit met de terrorist in het vliegtuig, het leger heeft zijn luchtafweerraketten al klaarstaan. En ten slotte zijn andere reddingsacties honderd procent uitgesloten. Het vliegtuig kan geen noodlanding maken, de bom kan niet onschadelijk worden gemaakt, binnen drie minuten is alles voorbij. De wereld is dus opgedeeld in zwart en wit.

Met dit soort voorbeelden beschrijven de hoogleraren geen realistische problemen waarvoor oplossingen moeten worden gevonden. Ze construeren fictieve proefopstellingen onder ideale omstandigheden. De lezer krijgt iets voorgeschoteld wat in werkelijkheid nooit voorkomt: absolute kennis over alle omstandigheden van een situatie, wat eraan voorafging en hoe ze zal verlopen. Met dezelfde bovennatuurlijke kennis kan een 'terrorist' moeiteloos worden onderscheiden van een 'burger'. Dit idee van een goddelijke kennis, een absoluut oordeelsvermogen, ligt aan de basis van het totale-staatsbegrip van Carl Schmitt. 'Individuen kunnen zich vergissen, een volk vergist zich nooit', luidde het pregnant bij die andere jurist uit de nazitijd, Hans Frank. En ook in de DDR werd het duidelijk verwoord in de lofzang op de SED: 'De partij, de partij, die heeft altijd gelijk!'

De garanties van de rechtsstaat, zoals het vermoeden van onschuld of het recht op een proces dat tot een vonnis leidt, houden rekening met het feit dat de mens nooit helemaal weet wat er om hem heen gebeurt, niet eens wanneer het zich voor zijn ogen afspeelt. Een mens kan het verleden niet correct duiden noch in de toekomst kijken. Een gekaapt passagiersvliegtuig stevent af op het rijksdaggebouw, maar zal het dat werkelijk raken? Of zal het de passagiers, die Wolfgang Schäuble door het leger wil laten neerhalen, tijdens de laatste seconde misschien lukken de terrorist te overweldigen? En wat met die man 'van een of andere terroristische herkomst' die een zelfmoordaanslag wil plegen? Heeft hij echt een bom bij zich, en zal die werkelijk ontploffen? Is de terrorist misschien niet een schizofreen die een waanvoorstelling heeft? Kent de 'terrorist' de code terwille waarvan hij wordt gefolterd? En kan het vliegtuig werkelijk geen noodlanding maken?

Geen mens en dus ook geen staat kan alles weten. Omdat er op aarde geen goddelijke kennis bestaat, mag er ook geen goddelijke almacht over leven en dood bestaan. Daarom definieert onze rechtsorde een beschermd gebied, dat wij 'waardigheid' noemen. Niemand (dat wil zeggen: ook geen 'terrorist'!) mag gereduceerd worden tot uitsluitend een voorwerp van staatsoptreden. Lichaam en leven mogen geen middel zijn tot welk doel dan ook. Alleen al de constructie van de voorbeeldcases, die waardeoordelen als feiten verkopen, breekt met die principes.

Des te belangrijker is het bij zulke scenario's niet te vertrouwen op de buik, maar het hoofd te gebruiken. Want het gevoel reageert altijd op bepaalde modellen, die hoogleraren recht zoals Merkel doelgericht gebruiken. Ons rechtvaardigheidsgevoel gunt mensen in een bedreigde situatie het recht op zelfverdediging, in juridische termen 'noodweer' (als men zichzelf verdedigt) of 'hulp in de nood' (als men iemand bijstaat). Merkel en Günther gebruiken uitdrukkelijk het argument uit het noodweerrecht, dat de folterende politieman in het bomvliegtuig niet mag worden onthouden. Op het eerste gezicht lijkt dat juist. Maar alleen op het eerste gezicht. Er is namelijk een verschil tussen een mens die zich in een noodsituatie verdedigt en de staat, die het geweldmonopolie heeft. Een vrouw die 's nachts in een tunnel wordt beroofd, bevindt zich niet in dezelfde situatie als de Bondsrepubliek Duitsland wanneer zelfmoordterroristen op haar grondgebied onderweg zijn. Als privépersoon mag de politieagent net als elke andere burger in extreme en dus uitzonderlijke omstandigheden misschien een aanvaller folteren om zichzelf en anderen te redden. Als staatsorgaan mag hij dat niet. Dat is niet paradoxaal, maar logisch en onvermijdelijk als je wilt vasthouden aan de democratische principes. Een privépersoon is niet gebonden aan menselijke waardigheid, vermoeden van onschuld en evenredigheid tussen doel en middelen, de staat wel. In een situatie van noodweer is het de privépersoon als zeldzame en zwaarwegende uitzondering toegestaan in panische zelfverdediging om zich heen te slaan. Maar als een staat panisch om zich heen slaat, kan dat catastrofale gevolgen hebben. Dan is hij geen democratie meer, maar een staat in uitzonderingstoestand.

Een staat die zelfverdediging toepast, ontdoet zich van ongewenste tegenstanders door ze te liquideren; iets dergelijks gebeurde bijvoorbeeld tussen 30 juni en 2 juli 1934, toen Adolf Hitler de hele leiding van de SA samen met haar aanvoerder

Ernst Röhm liet neerschieten. In dit verband dook de in noodweer handelende staat al eens op: Carl Schmitt rechtvaardigde de koudbloedige moord onmiddellijk als 'staatsnoodweer'. Dat teruggrijpen naar de nazitijd is helemaal niet vergezocht: Carl Schmitt, die in de jaren dertig veel invloed had, wordt vandaag door de theoretici van de veiligheid weer uit de mottenballen gehaald en salonfähig gemaakt. Indertijd bood Schmitt publicitair-juridische ondersteuning aan de nationaal-socialistische rassenleer; nu is hij medebepalend voor het nadenken van hoogleraren recht over de strijd tegen het terrorisme. In de sporen van Schmitt wordt opnieuw geëist dat er zowel in politieke als juridische zin een duidelijke scheidslijn wordt getrokken tussen 'vriend' en 'vijand'.

Een van de ijverigste volgelingen van Schmitt-Jünger tegenwoordig is Otto Depenheuer, hoogleraar staatsrecht in Keulen. Zijn trek in een uitzonderingstoestand verleidt hem ertoe democratische principes 'versierselen' te noemen die in vredestijd het lijf van de weerbare staat verhullen. Om het begrip 'weerbaarheid' te vermijden, heeft Depenheuer het eufemistisch over de 'zelfhandhaving van de rechtsstaat' – zo luidt de titel van het boek dat hij over dat onderwerp schreef. Aan de basis van de stellingen die hij daarin poneert, ligt het streven de islamitische vijand uit de rechtsorde te lichten en als geval apart, als nietpersoon, dus als vogelvrije te behandelen. Hij meent dat het volgens de staatsleer mogelijk is degene die zichzelf als vijand van de rechtsorde beschouwt ook als vijand uit de rechtsorde uit te sluiten en hem dus buiten de wet te stellen. De vijand heeft dan geen recht meer om te worden behandeld volgens de maatstaven van de rechtsorde. Zoals we al hebben gezien ligt naar zijn idee daarin per slot van rekening de erkenning van de terroristische waardigheid: een onvervalste terrorist moet zich als het ware beledigd voelen als men hem vraagt of hij met zijn advocaat wil telefoneren. Of, zoals emeritus hoogleraar staatsrecht Gerd Roellecke het uitdrukte: 'Vijanden bestraf je niet. Vijanden eer je en vernietig je.' Dzjengis Khan zou het ermee eens zijn – en zeker ook met de instrumenten die het *Feindrecht* naar de mening van zijn voorstanders nodig heeft: preventieve inbewaringstelling, dito internering van 'risicopersonen' en 'door de rechtsstaat gedomesticeerde' (sic!) foltering. Meer nog: 'Wie de dood wil, kan hem hebben.' (Otto Schily)

Als u dit soort libidineuze almachtsfantasieën onsympathiek vindt, heeft de rechtstheorie à la Depenheuer een passend antwoord voor u gereed: u bent een wereldvreemde zwakkeling. Beter gezegd: het probleem ligt in het levensgevoel van een verzadigde en hedonistische vrijetijds- en pretmaatschappij – een formulering die heel goed uit een islamitische haatspeech tegen het decadente Westen zou kunnen komen (wat de stelling bewijst dat het grootste gevaar van een 'vijand' erin bestaat dat je op hem gaat lijken). Als u dus nog altijd gelooft in vrijheidsrechten, dan alleen omdat u zo'n verblinde multiculturele knaap bent die weigert de harde realiteit onder ogen te zien. Uw levensvreugde is ons veiligheidsrisico. Omdat we een asymmetrische oorlog voeren, heeft de staat een latent aanwezige geweldcapaciteit nodig, een 'constitutioneel recht inzake veiligheid'. Het verschil tussen politie en leger moet worden opgeheven, net als dat tussen het strafrecht en het oorlogsrecht. In duidelijke bewoordingen: de staat moet alles mogen, want de terrorist permitteert zich ook alles.

Begint u zich bij het horen van het geroffel van die oorlogstrommen te schamen voor uw verzadigd welstandsleven? De theoretici van de uitzonderingstoestand kennen de oplossing. Om een standvastige, staatsgetrouwe kerel te worden, moet u zich alleen innerlijk bereid verklaren een 'burgeroffer' te brengen. Dat offer bestaat uit uw leven, dat u met de zegen van Otto Depenheuer in de oorlog tegen het terrorisme mag geven.

Het burgeroffer is in zekere zin de westerse pendant van de zelfmoordaanslag, in ieder geval wat de bereidheid aangaat om de hinderlijke kluisters van de beschaving af te schudden en weer flink voor haar waan te sterven, zoals het in het grootste gedeelte van de geschiedenis gebruikelijk was. En het scenario dat daarbij hoort? Terroristen hebben weer eens een vliegtuig gekaapt (in voorbeeldcases wordt aan de lopende band gekaapt), en dit keer zit u in het vliegtuig. Door het raampje ziet u al de straaljagers van de luchtmacht. U weet dat binnen enkele seconden het afschietbevel zal worden gegeven. Hoe reageert u? Met fierheid, alstublieft! En wat zijn uw laatste gedachten: wat prachtig dat ik als martelaar in de strijd tegen het terrorisme mag sterven. Dat zouden in ieder geval Depenheuer en consorten willen, die kennelijk nog nooit aan een soldaat van het Duitse leger in Afghanistan hebben gevraagd hoe zo'n 'burgeroffer' in werkelijkheid aanvoelt. Misschien zouden daarna zelfs dit soort salonwoestelingen weer vreedzame welvaartsburgers worden.

U vraagt zich wellicht af waarom we u telkens weer lastigvallen met de stellingen van een paar rabiate juristen. Dat heeft een concrete reden. Minister van Binnenlandse Zaken Wolfgang Schäuble heeft ons allemaal het boek van Otto Depenheuer als bedlectuur aanbevolen, want het belichaamt 'de actuele stand van de discussie'. Dit soort uitlatingen laat zien hoe diep een denktrant die aanleunt bij anti-burgerlijke, anti-liberale en anti-democratische principes al in het huidige discours is binnengeslopen.

Dat is des te bedenkelijker omdat we hier geenszins te maken hebben met rationeel uitgewerkte strategieën, maar met het resultaat van archaïsche hunkeringen naar viriliteit. Want de theorieën van de uitzonderingstoestand, het *Feindrecht* en de weerbaarheid, bevatten een eclatante tegenstelling. Hun vertegenwoordigers gaan er in alle ernst van uit dat het 'terrorisme' met dit soort spierbalrollen onder de hoogleraartoga's kan worden geïntimideerd. Alsof burgers die tot offers bereid zijn en een staat die zijn tanden laat zien nieuwe zelfmoordaanslagen kunnen verhinderen. Een blik op het totalitaire Saoedi-Arabië zou de bodybuilders van het staatsrecht uit de droom moeten helpen – daar zijn meer gewelddadigheden en bomaanslagen geweest dan in heel West-Europa, hoewel de politie er onbegrensde macht heeft en staatsvijanden er zonder veel plichtplegingen worden opgehangen.

Toch wordt iedereen die de wegbereiders van de uitzonderingstoestand niet wil volgen, als een zwakkeling en lafaard gebrandmerkt. De contradictie bestaat erin dat er meer moed nodig is om in een moeilijke situatie aan je principes vast te houden dan meteen je eigen gezichtspunt op te geven en je door de tegenstander meningen en methoden te laten dicteren. Simpele vriend-vijandschema's, de verachting van de zogenaamd decadente westerse levensvorm en de verheerlijking van weerbaarheid en marteldood laten schrikwekkende parallellen zien met het zelfbesef van zogenaamd islamistische fanatici.

Wanneer iemand u een volgende keer met de woorden van de invloedrijke Canadese hoogleraar mensenrechten en politicus Michael Ignatieff wil wijsmaken dat 'kwaad met kwaad moet worden bestreden', of als er nog maar eens wordt beweerd dat onze politie niet mag achterblijven bij de methoden van tot geweld bereid zijnde terroristen; wanneer begrippen als 'preventieve zelfverdediging' vallen of de staat een recht op noodweer zou moeten krijgen, vraagt u zich dan gewoon eens af welk gevoel er achter dit soort juridische en politieke begripsfinesses kan loeren. Of het niet een bodemloze, irrationele angst zou kunnen zijn die zelfs nuchtere juristen met de onmenselijkheid van hun tegenstanders infecteert.

Elfde hoofdstuk: waar is dat alles goed voor? Of: video-opnamen bevestigen de regel

Gelukkige slaven zijn de meest verbitterde vijanden van de vrijheid.
Marie von Ebner-Eschenbach

Tot dusver is er in Duitsland nog geen enkele terroristische aanslag verijdeld op basis van verscherpte veiligheidswetten. Veel van de recent ingevoerde maatregelen zijn ondeugdelijk gebleken voor het beweerde doel, de strijd tegen het terrorisme. Politici argumenteren voor meer controle met verkeerde feiten en tegenstrijdige gegevens; juristen vergalopperen zich in absurd voorbeelddenken om foltering opnieuw in te voeren; journalisten gaan zonder kritische afstand te werk als profeten van een amorfe bedreiging. Er *heerst* angst. Angst doet kranten verkopen. Angst levert stemmen op, angst brengt veiligheidspolitici tot topprestaties, angst is niet meer weg te denken uit actuele diagnoses en toekomstprognoses. De angst heeft zijn zogenaamde veroorzaker, de 'terroristische bedreiging', ver achter zich gelaten. Hij staat, zoals we hebben gezien, in geen enkele rationele verhouding tot de huidige veiligheidssituatie. Sinds het einde van de Koude Oorlog zijn de levensvoorwaarden in onze contreien, die voorheen toch al voortreffelijk waren, alleen maar verbeterd. De reële bedreiging door de confrontatie van beide machtsblokken is verdwenen. De misdaadcijfers dalen. De levensverwachting stijgt. Nog nooit in de hele wereld hebben mensen zo veilig geleefd als bij ons de voorbije twintig jaar.

Waar is dat alles dus goed voor? Waarom uitgerekend nu? Vanwaar die hoogconjunctuur van de 'terroristische bedreiging'?

Het 'terrorisme' werkt als een toverformule, die bewerkstelligt wat elke toverformule moet bewerkstelligen: ze leidt de aandacht van het publiek af van wat er werkelijk gebeurt. Maar wat gebeurt er dan achter de abracadabra? Waarom wordt politiek, juridisch en technisch zo koortsachtig gewerkt aan de ontwikkeling van systemen die hele maatschappijen moeten controleren? Waarom wil de staat opeens zo dringend van elke burger weten waar hij zich precies bevindt, met wie hij praat, wat hij eet, waaraan hij zijn geld uitgeeft en welk gezicht hij trekt?

Het antwoord hierop is complex maar komt in feite hierop neer: aan het einde van de vorige eeuw is er meer veranderd dan we doorgaans denken. Staat en maatschappij bevinden zich midden in een inhaalbeweging. Ze proberen zich koortsachtig aan te passen aan de veranderde omstandigheden. Wat we nu meemaken is geen 'oorlog tegen de terreur' maar een reactie op het nieuwe politieke tijdperk na 1989/90 en tegelijk een gigantische, wereldwijde verdeelstrijd om de greep op een nieuwe hulpbron: informatie.

Het einde van de confrontatie tussen de machtsblokken was het einde van een betrekkelijk overzichtelijke wereldorde. Niet alleen geostrategische invloeden in de wereld, maar ook maatschappelijke profielen waren langs duidelijke lijnen verdeeld. Er waren Amerikaanse invloedssferen en Russische. Er waren kapitalisten en communisten. Niet alleen op de landkaart, maar ook in de hoofden was er 'rechts' en 'links' en daartussen een duidelijk afgebakende grens. Sinds 1989/90 houden we maar niet op elkaar te verzekeren dat de wereld onoverzichtelijk is geworden. Er worden grenzen opgeheven tussen staten, tussen politieke kampen en tussen ideologieën. De godsdienst noch het klassieke gezinsconcept noch een politieke strekking heeft de macht om de hedendaagse mens 'op het juiste pad' te houden. Individualisme, persoonlijke vrijheid, de geleidelijke afschaffing van verplichte denk- en handelingspatronen leiden tot gebrek aan duidelijkheid. De mensen en hun levensconcepten zijn nu moeilijker in te schatten. De communicatietechnologie overwint de laatste geografische en sociale barrières. Het (bijna) kosteloze internet staat open voor iedereen die zich de noodzakelijke toegangstechniek kan veroorloven, en dat kunnen dankzij de dalende prijzen steeds meer mensen in de hele wereld.

Afschaffing van grenzen betekent vrijheid voor het individu en controleverlies voor de machthebbers, om het even of dat nu autoritaire regimes of democratisch gelegitimeerde regeringen zijn. Dat controleverlies wordt in het denken en in de retoriek van de politieke elites als 'veiligheidsprobleem' geïdentificeerd. En wanneer het individu de grotere vrijheid als onaangenaam ervaart, heeft men het over 'identiteitsproblemen'. Naast 'veiligheid' is 'identiteit' het lievelingswoord van onze tijd; het wordt even inhoudsloos en manipulatief gebruikt.

Controleverlies veroorzaakt angst. Dat geldt niet alleen voor individuele mensen maar ook voor staten. De samenhang tussen beide wordt het duidelijkst in het feit dat het trefwoord 'netwerk' bij de 'strijders tegen het terrorisme' steeds weer als een rode lap op een stier werkt. Terwijl privépersonen enthousiast beklemtonen dat ze zowel professioneel als privé een goed netwerk hebben of nog wat intensiever zouden moeten 'netwerken', blijkt uit haast alle uitspraken van veiligheidspolitici een diepgeworteld wantrouwen tegen netwerken. Naast de kerk, het gezin, de nationale staat en de politieke ideologie wordt het 'netwerk' als een nieuwe sociale organisatievorm beschouwd. In vergelijking met de eerstgenoemde vormen functioneren netwerken echter weinig hiërarchisch en eerder zelfregelend. Ze zijn opener, dynamischer en daarom vermeend onbetrouwbaarder. Vanuit het standpunt van de staat is het daarom kolossaal belangrijk hoe netwerken als deze kunnen worden gecontroleerd.

Het demoniseren van het netwerk is de voorwaarde voor staatsinterventie. Al voor 11 september 2001, met name begin 2001, publiceerde de RAND Corporation, een denktank die voor de Amerikaanse regering werkte, een onderzoek met de titel 'Networks and Netwars', waarin netwerken werden bestempeld als de grootste vijanden van vrede en veiligheid (vrijheid komt in dat soort studies niet voor). Bedoeld werden niet alleen terroristen maar ook ngo's, protestgroepen, sociale bewegingen en illegale downloaders.

Ook de NAVO heeft na het einde van de Koude Oorlog haar traditionele vijandbeeld (het communistische Rusland) fluks omgeschakeld naar amorfe (dus 'netwerkachtige') vijanden om haar eigen ontbinding te voorkomen. De oorspronkelijk als verdedigingsbondgenootschap opgerichte organisatie (bedoeld was de verdediging tegen militaire aanvallen van vijandige staten) riep na de aanslagen van 11 september 2001 artikel 5 van de Noord-Atlantische Verdragsorganisatie in, hoewel de aanvallen duidelijk niet waren begaan door een staat. In het nieuwste strategiedocument van 2008 met de grandioze titel 'Towards a Grand Strategy for an Uncertain World' motiveren vijf voormalige secretarissen-generaal van de NAVO (onder wie de Duitse generaal buiten dienst Klaus Naumann) het bestaansrecht van de NAVO met de gebruikelijk diffuse bedreigingen: 'De belangrijkste uitdaging de komende jaren zal erin bestaan voorbereid te zijn op het onvoorspelbare. (…) De westerse bondgenoten staat een lang aanslepende en preventief te voeren verdediging van hun maatschappijen en levensstijl te wachten.'

Volgens dit concept zijn de vijanden van 'preventief (sic!) te voeren verdediging' natuurlijk terroristische netwerken. Maar niet alleen die. Bedoeld worden ook immigranten, vluchtelingen, olieproducerende elites, evenals 'woedende hongerige mannen' die zich niet meer in de hand hebben en opstandig worden (dixit de homepage van de NAVO). Net zoals op binnenlands vlak lijkt ook het (echte of vermeende) controleverlies op geopolitiek gebied radicale middelen te vereisen, die alle democratische, vreedzame en vrijheidslievende overtuigingen achter zich laten: een instrument tegen dit soort 'vijanden' is volgens het NAVO-document de eerste vernietigende klap met atoomwapens (huidig eufemisme: 'asymmetrisch antwoord'). Dit middel zou noodzakelijk zijn om 'werkelijk existentiële bedreigingen' te verhinderen. De generaals zijn zich ten volle bewust van de 'immense vernietigingskracht van nucleaire wapens'. Toch moet er zelfs nog verder worden gegaan dan de strategie van de Koude Oorlogperiode: in de nieuwe strijd tegen netwerken wordt 'afschrikking door escalatie' (met name door het inzetten van atoomwapens) als een adequaat middel beschouwd. Nog duidelijker kan niet worden aangetoond welke fatale effecten het verlies van een orde en de ermee gepaard gaande onoverzichtelijkheid heeft: 'De belangrijkste uitdaging voor de komende jaren zal erin bestaan voorbereid te zijn op het onvoorspelbare' – en indien nodig dus met nucleaire middelen. Lichtelijk overdrijvend zou men kunnen zeggen: voor de veiligheidsstrategen lijkt de afwezigheid van een Warschaupact bedreigender dan het Warschaupact.

Wat voor de NAVO 'woedende hongerige mannen' zijn, is voor de veiligheidsambtenaren Al-Qaida, het 'terroristische netwerk' bij uitstek (Al-Qaida betekent in het Arabisch onder andere 'databank') – een duister, wereldomvattend spinneweb, met in het midden een veelarmige vorst van het Kwaad, die aan de touwtjes trekt. In het openbare debat wordt een heleboel bijeengefantaseerd over decentralisatie en zelfs het 'virtueel bestaan' (alsof terroristen tegelijk kunnen bestaan en niet bestaan). Na de inval in Afghanistan was opeens sprake van 'Al-Qaida 2.0'. Tegen alle logica in wordt aan netwerken vaak een infiltrerende macht toegeschreven. Ze kunnen niet alleen vliegtuigen, maar in zekere zin ook hele maatschappijen kapen. Het islamisme, zo luidt het, heeft bij ons allang voet aan de grond gekregen. Voor de leek ontstaat de indruk dat Al-Qaida eerst de islam heeft geïnfiltreerd en nu bezig is de hele wereld te veroveren. Netwerken zijn de draken van de eenentwintigste eeuw. Ze zijn onoverzichtelijk, oeverloos en moeilijk te controleren. En daarom moeten de veiligheidsambtenaren steeds meer bevoegdheden krijgen. Kortom: het netwerk is de perfecte staatsvijand.

De moeder van alle netwerken is het internet. Terwijl het voor het individu nieuwe leefruimte en een onwaarschijnlijke toename van communicatie-, vrijetijds- en baanmogelijkheden betekent, is het voor het veiligheidsapparaat de bytegeworden oncontroleerbaarheid. In verband met het internet hebben politici het graag over 'rechtsvrije ruimten'. Het irrationele onbehagen over de nieuwe, wereldwijde technologie wordt duidelijk in de dwaasheid van die term. Want vanzelfsprekend is het internet niet 'rechtsvrij'. Op het internet gelden dezelfde wetten als overal; ook op internet zijn bedrog en diefstal, belediging en planning van misdrijven strafbaar. Net zoals in de 'echte' wereld heeft de politie op internet toegang tot alle openbare domeinen, terwijl privédomeinen principieel gesloten blijven voor vreemde blikken. Voor een totale staatsinmenging in de internetcommunicatie is er geen logische reden, tenzij je ervan uitgaat dat het wereldwijde web de verpersoonlijking van het Kwaad is.

Niet in de laatste plaats is het internet ook een platform voor kritisch denken, evenals voor de internationalisering van sociale en ecologische bewegingen. De globalisering heeft ertoe bijgedragen de grotere verbanden tussen marginalisering en uitbuiting te begrijpen, en het internet is een belangrijk instrument om daartegen te vechten. De internationalisering van crisissen doet vermoeden dat de komende decennia een toename van transnationale protestbewegingen met zich mee zullen brengen. Het zou naïef zijn om te geloven dat de staten zich daar niet op voorbereiden. Veel van de nieuwe bevoegdheden kunnen weinig uitrichten tegen terroristen maar wel een intimiderend effect hebben op binnenlandse betogers en activisten. Een machtsmiddel dat werd ingevoerd om terroristen te bestrijden kan zonder problemen ook tegen lastige manifestanten worden gericht.

Die angst voor netwerkende ontevredenen is bijzonder zichtbaar in China. Het idee dat protestbewegingen zich via het internet kunnen uitbreiden en in een land van dergelijke omvang tot volledig oncontroleerbaar verzet uitgroeien, zorgt voor censuur op het internet en de vervolging van een vreedzame maar over het hele land via het net goed verspreide beweging als Falun Gong. In westerse staten wordt graag met het vingertje naar Peking gewezen als het gaat om mensenrechten. Maar diezelfde wijsvinger gaat niet naar de eigen neus wanneer in ons halfrond wordt geëist bepaalde 'gevaarlijke woorden' op het internet te blokkeren of maar meteen een totale controle van het internet in te voeren; of wanneer groene activisten als terroristen worden geklasseerd en antiglobalisten in terreurdatabanken worden opgenomen.

Principieel geldt: de nieuwe munteenheid van het communicatietijdperk heet 'informatie'. Weten betekent controle, controle betekent macht. In informatieverzamelaarstaal luidt het zo: de statistisch opgestelde 'prognose van het menselijk gedrag dient voor het sturen van individuele handelingen'. In mensentaal: als je alles weet over een mens, kun je zijn gedrag voorspellen en sturen.

Die samenhang interesseert uit de aard der zaak niet alleen de staat die zijn invloed wil uitbreiden, maar ook de economie, die munt slaat uit de nieuwste hulpbron 'informatie'. We beleven momenteel een waarachtige goldrush van informatieverzamelaars, maar het Klondike van vandaag loopt wel dwars door onze privésfeer. Ziekenfondsen willen patiëntenprofielen voor het berekenen van risicospecifieke bijdragen – waarbij ze wijselijk verzwijgen dat het principe 'verzekering' juist gebaseerd is op het niet-kennen van de individuele toekomst. Inlichtingenbureaus maken met behulp van 'scoring' verbruikersprofielen aan die dan worden verkocht aan kredietinstellingen, internetproviders of tandartsen – zo kan een woonplaats in een buurt met een slechte naam er weleens toe leiden dat je je telefoonaansluiting of je tandprothese alleen bij vooruitbetaling krijgt. Supermarktketens maken met behulp van klantenkaarten (en binnenkort ook met aan elk product aangebrachte RFID-chips) precieze klantenprofielen, om binnenkort aan de kassa te kunnen vragen of de koffie vorige keer niet goed heeft gesmaakt en of de tampons van het formaat Normaal niet pasten. Die kennis wordt gekocht met belachelijke kortingen die de klant zogenaamd voor zijn trouw worden toegestaan – in werkelijkheid is de moderne consument als 'informatiedrager' een permanent gemolken melkkoe. Zelfs de staat verkoopt de gegevens van zijn burgers – naam en adres alleen zijn 5,50 euro waard. Wanneer privéfirma's gegevens aanbieden, bijvoorbeeld over personen die belangstelling hebben voor privéziekteverzekeringen, kan een 'kwalitatief hoogwaardige lead' misschien wel 349 euro kosten. Haast niemand die op internet of aan de kassa van de supermarkt snel even een vragenlijst invult ('wij willen de tevredenheid van onze klanten testen'), is zich ervan bewust dat hij op datzelfde ogenblik een hoop geld weggeeft.

In het begin van de eenentwintigste eeuw zijn de meeste mensen in de westerse wereld niet alleen materieel van alles uitstekend voorzien, maar ook omgeven door een technologie die het dagelijkse leven op een tot dusver ongeziene wijze vereenvoudigt. Zo nuttig is die technologie en zo erotisch de uiterlijke vorm ervan dat de mensen er zich aan overgeven en er soms helemaal in opgaan. De vertrouwensrelatie tussen mens en informatietechniek is op zich gezond. De technologie maakt een nieuwe, tegelijk spannende en makkelijke manier van leven mogelijk. Door echter aan onze pc's en mobieltjes gegevens toe te vertrouwen geven we onszelf bloot. De 'glazen burger' ontstaat niet door een openbaar röntgentoestel, maar door ons eigen gedrag. Zonder ons bewust te zijn van de risico's, creëren we dubbelgangers van bits en bytes, schaduwschepsels die ons op een dag boven het hoofd kunnen groeien. En daarvoor hoef je niet eens een internetprofiel met hoogstpersoonlijke inlichtingen te voeden, wat veel mensen vandaag als hobby (bijvoorbeeld bij Facebook of Netlog) of om professionele redenen (bijvoorbeeld bij LinkedIn) doen.

In de wondere wereld van nieuw speelgoed dat elke maand op de markt wordt gebracht, ontbreekt nog altijd een helder bewustzijn voor het 'mijn en dijn'. Bij een voorwerp, bijvoorbeeld een huis of auto of kledingstuk, hebben we een sterk gevoel voor eigendom en bezit. Instinctief weten we wat het betekent als ons iets 'toebehoort', en we reageren met verzet op pogingen om ons dat afhandig te maken. Bij gegevens, die je niet kunt zien en waarvan de waarde voor veel mensen door gebrek aan ervaring moeilijk is in te schatten, functioneert dat instinct nog niet. Als die gegevens worden benut, door de staat of door de economie, dan mankeert bij de burger vaak de eigenlijk dringend noodzakelijke verontwaardiging, en bij de gebruiker het bewustzijn dat hij onrecht pleegt. Met grote vanzelfsprekendheid controleren werkgevers hun personeel, ervan uitgaand dat ze het recht hebben te weten wat hun pappenheimers tijdens de werktijd zoal uitvreten. Sommige concerns zijn daarbij de laatste tijd te werk gegaan als inlichtingendiensten. Zowel bij Telekom als bij de Deutsche Bahn werden medewerkers afgeluisterd, werd hun e-mail gelezen, werd hun surfgedrag nagegaan. Toen de eerste schandalen bekend werden, trokken de verantwoordelijken een verbaasd gezicht en waren ze zich van geen kwaad bewust. Kennelijk was men ervan overtuigd dat de medewerkers met hun gegevens op een neofeodale wijze bij het concern hoorden en dat het absoluut normaal was die indien nodig te controleren. De moeizame manier waarop de verantwoordelijken na de openbare kritiek geleidelijk terugkrabbelden, zegt veel over de heersende mentaliteit. Hoewel 'data' het meest private zijn wat een mens überhaupt kan bezitten, gelden ze nog altijd als een soort openbare grondstof waarvan iedereen zichzelf naar hartelust kan bedienen.

De moderne burger en IT-gebruiker is blind voor de controlemaatschappij. Hij geniet van de openbare zelfenscenering, poseert op websites, hij uit zich overal, meestal onbezonnen, en deelt zijn intieme sfeer met vreemden. Hij ontbloot zich op de marktplaatsen van de ijdelheid alsof ironisch genoeg uitgerekend op het internet het calvinistische ideaal van het reusachtige raam is verwezenlijkt waardoor iedereen de zuiverheid van het eigen leven kan aantonen. In de virtuele wereld lijkt inderdaad te gelden: een goed mens is iemand die niets te verbergen heeft en daarom ook niets verbergt.

Maar dat is een vergissing. De verbinding van schijnbaar onschuldige gegevens kan intieme geheimen verraden. Als het tot zo'n geval komt, is de gebruiker ontsteld en zoekt hij vertwijfeld naar mogelijkheden om zichzelf en zijn verzamelde gegevens te beschermen, om die terug te brengen naar het eigen, voor vreemden ontoegankelijke gebied. Er zijn firma's die de dienst aanbieden ongewenste persoonlijke informatie uit het internet te laten verdwijnen. Het kan tot 375.000 euro per jaar kosten. De hoogte van die som toont de waarde aan van privégegevens en daarmee ook het geweldige gevaar dat de verspreiding ervan voor het individu met zich mee kan brengen.

De erfenis van de twintigste eeuw is een toestand van ommekeer, waarin politieke en economische krachten strijden om een nieuwe verdeling van de macht, zonder dat de daartoe noodzakelijke regels (wetten én ongeschreven gedragscodes) al gelden om de zwakste acteur in het spel, met name het individu, passend te beschermen. De staat probeert controlemechanismen die het individu vroeger door religieuze, familie- of ideologische banden berekenbaar maakten nu te vervangen door technische controle. De economie maakt zich op voor een toekomst waarin de best geïnformeerde de sterkste zal zijn. Daartussen staat, nog wat naief, de burger. Hij laat zich verleiden, muilkorven, overrompelen; hij is bezig zich helemaal prijs te geven omdat hij het niet aankan en niet genoeg kennis heeft. Terwijl ons allemaal duidelijk zou moeten zijn dat 'data' niets technisch-abstracts zijn. De mens, die niet alleen een lichamelijk maar ook een geestelijk wezen is, is uit data samengesteld. We zijn gemaakt van cellen en van informatie. Onze 'data' horen bij ons zoals ons lichaam en zoals de dingen waarmee we ons omgeven en die we ons eigendom noemen. Daarvoor moeten we een bewustzijn ontwikkelen, en dat bewustzijn moet de huidige omvorming van onze maatschappij bepalen. Zo niet, dan zullen twee ontwikkelingen, die we als geschenk hebben begroet – de kans op een nieuwe wereldorde na het einde van de grote ideologieën, en de technologische revolutie – in ons nadeel uitvallen.

Epiloog: onvrije vooruitzichten

Big brother is watching you.
George Orwell

Naast de ingang van het huis met het nummer 27B op Canonbury Square in het noorden van Londen hangt een gedenkplaat aan de muur. Hier woonde George Orwell tot aan zijn dood in het jaar 1950, hier schreef hij zijn beroemde *1984*, zijn visioen van een totalitaire controlestaat. Canonbury is een rustige woonbuurt – toch zijn er in een kring van tweehonderd meter rond Orwells vroegere huis 32 CCTV-camera's gemonteerd. Ze leggen vast wie er voorbijkomt, wie blijft staan, wie een bezoek brengt aan George Orwells kamers. Zijn geliefde uitzicht op de met bomen begroeide tuinen wordt dag en nacht door twee opnameapparaten gefilmd. De achterkant van het huis wordt geregistreerd door twee andere camera's, die voor een conferentiecentrum zijn geplaatst. En naast Orwells stamkroeg (The Compton Arms) zorgt de camera van een autoverhuurbedrijf ervoor dat eventueel kan worden nagegaan wie de pub wanneer binnenkomt en verlaat (in sommige delen van Londen eist de politie het installeren van een CCTV voor ze een licentie voor een nieuwe kroeg verleent). *Big Brother is Watching You* – ooit als reclameslogan bedacht voor het pas verschenen *1984*, is in George Orwells thuisland intussen realiteit geworden.

Toen de Britse regering in de herfst van 2008 tot een grondige controle van de hele communicatie van haar burgers besloot, kwam er verzet van hoge en onverwachte zijde. Het Hogerhuis van het parlement kwam met een ongewoon strenge waarschuwing: Groot-Brittannië was een controlemaatschappij geworden, en dat moest veranderen.

Het House of Lords, dat gewoonlijk belachelijk wordt gemaakt als een aristocratische blindedarm, had zich tot dan toe niet bepaald laten gelden door kritische opmerkingen aan het adres van de staat. Die interventie was dus des te opmerkelijker. Een blogger merkte raak op: 'You know your democracy might be in trouble when the Aristocracy is making good sense.' (Als de aristocratie iets zinvols oppert, weet je dat je democratie in moeilijkheden verkeert.)

In hun verregaande rapport stellen de Lords de essentiële vragen waarmee we ons in dit boek hebben beziggehouden:

Heeft de toegenomen controle en gegevensopslag de relatie tussen staat en burger fundamenteel veranderd?

Waar bevindt zich bij controle en gegevensopslag de grens die in geen geval mag worden overschreden?

Welk effect hebben controle en gegevensopslag op de vrijheid en de privacy van de burgers?

Zijn de bestaande wetten voldoende om de burgers te beschermen of is er een gerichte bescherming van het grondrecht tegen controle en gegevensopslag nodig?

De analyse komt tot een catastrofale slotsom. De veiligheidswaan van de laatste jaren betekent het grootste gevaar voor de Britse democratie sinds de Tweede Wereldoorlog. Meer dan vier miljoen camera's staan er opgesteld; zeven procent van de bevolking werd al in de DNA-databank van de staat opgeslagen. Lord Goodlad, de voorzitter van het grondwetcomité van het House of Lords, beklemtoonde dat er geen rechtvaardiging is voor een controle die aan de staat zulke gedetailleerde kennis over elke burger moet verschaffen. Aan het einde wordt in het rapport een kwintessens geformuleerd die niet duidelijker kan zijn: 'Privacy is een basisvoorwaarde voor individuele vrijheid.'

Op het eerste gezicht is het bemoedigend dat de ontwikkelingen eindelijk eens een keer door een ander staatsorgaan dan het Constitutioneel Hof kritisch worden belicht. Maar bij nadere beschouwing wordt echter duidelijk dat ook het House of Lords niet in staat is om de politieke klasse aan te zetten om anders te gaan denken. Het Britse ministerie van Binnenlandse Zaken haastte zich om vast te stellen dat er aan de bestaande wetsvoorstellen in geen geval mocht worden gesleuteld. En de woordvoerders van de veiligheidsfirma's lieten meteen optekenen dat onze maatschappijen zonder CCTV niet meer veilig zouden zijn.

Uit zichzelf zullen de regeringen noch in Groot-Brittannië noch bij ons hun aanvalsrichting veranderen. Want wat we nu al jaren meemaken is geen gerichte bestrijding van een voorbijgaand probleem ('terrorisme'). Het gaat veeleer, zoals we in het voorgaande hoofdstuk beschreven, om een paradigmawissel in existentiële kwesties van onze samenleving. Er is dus een diepgaand debat nodig over hoe door de gewijzigde technologische, economische en politieke omstandigheden de verhouding tussen vrijheid en veiligheid in evenwicht kan worden gebracht. Wat we niet mogen accepteren is een salamitactiek waarmee die afweging de hele tijd en eenzijdig wordt beslist ten gunste van meer controle voor de staat. In de VS en in Groot-Brittannië kunnen we nu al zien wat ons ook weldra te wachten staat als we de ontwikkelingen op hun beloop laten. Het is de hoogste tijd om te breken met de krankzinnige overtuiging dat we ook hier Engelse of Amerikaanse controlenormen moeten bereiken om niet achterop te lopen. Integendeel, we moeten er ons van distantiëren. Een wedloop op veiligheidsgebied brengt een fatale dynamiek op gang die zich almaar meer verwijdert van de eigenlijke problemen – een vrijheidsvernietigende vicieuze cirkel.

De controlewaan heeft het terrein van de strijd tegen het terrorisme allang verlaten en heeft ook de gezondheidszorg, het belastingsysteem, de sociale verhoudingen, het consumentengedrag en zelfs het dagelijkse leven op straat aangetast. In Groot-Brittannië gebruiken lokale overheden antiterreurwetten (met name de 'Regulation of Investigatory Powers Act 2000', RIPA) om burgers te bespioneren die misschien afval op straat gooien, hondenpoep niet opruimen of illegaal pizza's verkopen. Kinderen worden bij het voetballen door staatscamera's gefilmd omdat hun geschreeuw de buren zou kunnen hinderen. Ouders worden bespioneerd om uit te vinden of ze hun kinderen inschrijven in een school in een andere dan de hun toegewezen buurt. In de eerste helft van 2008 werden 867 antiterreuronderzoeken ingesteld tegen kleine criminelen. In een handomdraai wordt de bestrijding van het terrorisme een scherp zwaard in handen van law-and-order predikende modelburgers, alsof de beste maatschappijvorm in een opvoedingskamp wordt verwezenlijkt. We zouden er goed aan doen bondskanselier Angela Merkel ernstig te nemen als ze ook voor Duitsland 'nultolerantie' inzake binnenlandse veiligheid eist en die 'binnenlandse veiligheid' al bedreigd ziet door weggegooid vuilnis, foutparkerende auto's en verkeersagressie. De strijd tegen het terrorisme begint over te hellen naar een strijd tegen 'sociaal schadelijk gedrag'. En dan is het ogenblik niet veraf waarop in elke burger een kleine terrorist huist, en de vrije maatschappij haar ondergang tegemoet gaat.

Het eindpunt is nog lang niet bereikt. De Europese staten hebben al heel wat plannen klaarliggen om de burgers verder in het nauw te drijven. Het Duitse leger moet in het binnenland worden ingezet, wat zal leiden tot de definitieve vermenging van verdediging tegen gevaar en oorlogsrecht. Onze bewegingen in het wegverkeer moeten met behulp van tolsystemen worden gecontroleerd. De EU zou voor een termijn van dertien jaar de informatie willen bewaren in welke vliegtuigen we stappen en waar we heen vliegen. Vanaf 2011 zal het nieuwe belastingidentificatienummer in de plaats komen van de loonkaart, zodat voor elke burger gegevens over zijn belastingschaal en belastingvrije bedragen, godsdienstige overtuiging en gezinstoestand centraal kunnen worden geregistreerd. Zo ontstaat een gigantische databank over het beroepsleven van elke werknemer. Bovendien worden de tot dusver decentraal gehanteerde bestanden van de 82 miljoen in Duitsland geregistreerde personen uit 5.300 bevolkingsbureaus in één bestand samengevoegd. Dat is het begin van een historisch uniek bevolkingsregister en een geweldige nationale datapool.

Met het Verdrag van Lissabon wacht ons ook een nieuwe reeks EU-voorschriften: het jongste EU-verdrag maakt de bevoegdheid 'politionele en justitiële samenwerking in strafzaken' tot een echte competentie van de Europese Unie. Eerder al werd tot maatregelen als het e-paspoort en de preventieve gegevensopslag in Brussel besloten. En nu de nieuwe bevoegdheid in werking treedt, is het definitief: *more to come*. Of, zoals de toenmalige EU-raadsvoorzitter Rui Pereira het motto van het Brusselse veiligheidsbeleid formuleerde: 'We hebben voortdurend nieuwe maatregelen nodig.' In welke richting de ontwikkeling van de Europese veiligheid zal gaan, is nu al duidelijk: de door Wolfgang Schäuble mee opgerichte 'Future Group' van Europese ministers van Binnenlandse Zaken raadt dringend aan om een 'gezamenlijk concept' te ontwikkelen. Achter dit eufemisme gaat de ideologie schuil van de Homeland Security, met andere woorden een vervaging van de grenzen tussen politie, leger, civiele bescherming, veiligheidsindustrie en andere actoren, wat op middellange termijn moet leiden tot een versmelting van binnenlandse en buitenlandse veiligheid. De autoritaire staat zal in dat geval niet lang op zich laten wachten.

Misschien zien we dan ook de naaktscanner terug opduiken. Wie er daarvoor al een wil hebben, kan een van de toestellen die momenteel in de kelders van het Europees Parlement onder het stof raken voor 120.000 euro per stuk aankopen. Bij hoge uitzondering was er protest toen de EU ertoe overging op de luchthavens naaktscans van alle passagiers te maken. Politiek en media hadden de publieke opinie kennelijk niet zorgvuldig genoeg voorbereid op het nieuwe idee (alles wat technisch mogelijk is, moet worden ingezet). Het laatste woord in deze aangelegenheid is nog niet gesproken.

Wij willen waarschuwen. Maar zonder een oproep tot handeling lopen waarschuwingen op niets uit. Ondanks alles wat we in dit boek hebben beschreven is er genoeg reden tot optimisme. We hebben meegemaakt hoe de Koude Oorlog ten einde ging, we kunnen ons de onvrijheid van de mensen in het Oostblok herinneren, we hebben hoop gevat op een vreedzaam samenleven in onze streken en zo veel mogelijk delen van de wereld. De democratie is geen model in de opruiming, ze kan ons ook in het nog maar pas begonnen informatietijdperk een leven op basis van vrijheid en zelfbeschikking garanderen als we ze niet opgeven. Jammer genoeg is ook een ontwikkeling in de andere richting denkbaar. We willen onszelf niet binnen twintig jaar moeten verwijten dat we het hadden kunnen weten en verhinderen. We willen niet de vraag moeten beantwoorden hoe het zo ver heeft kunnen komen dat onze maatschappijen zich als een troep ontketende nozems in een bendeoorlog hebben laten meeslepen en daarbij hun principes vergaten.

Er is geen vooraf bepaalde afloop van de 'geschiedenis'. Aan elke stap ligt menselijke wil ten grondslag. Daarom roepen wij u op, beste lezer, in te zien dat ons een strijd voor onze vrijheid en onze privacy wacht, een strijd die nu meteen moet beginnen, want over de toekomst van onze maatschappij wordt nu onderhandeld, zonder dat onze mening wordt gevraagd. Wilt u wachten tot uw kinderen bij hun geboorte een chip in hun nek geplant krijgen, een chip met hun persoonsnummer van zestien cijfers waarmee via de satelliet hun positie kan worden bepaald (zoals het bij uw huisdier, als u dat hebt, al het geval is)?

Wat u kunt doen? Heel veel. Om te beginnen kunt u uw eigen houding nagaan. Schrap de zin 'Ik heb toch niets te verbergen' uit uw woordenboek, want wie niets te verbergen heeft, heeft al alles verloren. Het is goed dat u iets te verbergen hebt, en zo moet het ook blijven. Verdedig uw geheimen, ze horen u toe.

Bezwijk niet voor de simpele vriend-vijandschema's die u elke dag worden voorgeschoteld. Zeg niet 'de moslims', tenzij u zelf met alle 'christenen' over één kam wilt worden geschoren. Sluip niet weg uit de verantwoordelijkheid door uzelf voor te houden dat de bewoners van Guantánamo op een of andere manier wel zelf schuldig zullen zijn aan hun situatie. Wantrouw verleidelijk eenvoudige verklaringen. Luister niet naar mensen die onze vreedzame maatschappij voor 'verweekt' en 'hedonistisch' uitmaken. Controleer de uitspraken van politici op hun feitelijkheid wanneer begrippen als 'terrorisme' of 'terreurverdachte' vallen, en gebruik zelf geen woorden als 'cultuurstrijd' of 'Clash of Civilizations'. Distantieer u van paniekzaaierij en schandalitis.

Ontwikkel een gevoel voor de waarde van uw gegevens en uw privacy. Geef niet aan de eerste de beste supermarktkassa alles prijs om een belachelijk prijsvoordeel te verkrijgen, ontbloot u niet op MySpace alleen om uzelf belangrijk te maken. Analyseer hoe politieke partijen omgaan met de privacy van het individu, en denk goed na welke partij u kiest. Zet uw parlementsleden onder druk om in deze kwestie kleur te bekennen. Maak duidelijk dat een staat niet 'goed' is door wat hij voorstelt, hoogstens door wat hij doet.

We zijn bezig onze persoonlijke vrijheid in te ruilen voor een twijfelachtige belofte van 'veiligheid'. De huidige onverschilligheid in de omgang met de privacy doet vermoeden hoe staat en concerns in de toekomst over ons zullen beschikken als we hen toelaten nog grondigere controle-instrumenten in te zetten.

Dan zal het echter te laat zijn voor verzet. Een autoritaire staat kan elk protest in de kiem smoren, dankzij wetten die vandaag worden gemaakt om ons zogenaamd te beschermen. Verzet u. Het is nog niet te laat.

Noten

HET EINDE VAN DE VRIJHEID

11 *zomervakantie in Florida*: sinds december 2008 slaat het Homeland Security Department de vingerafdrukken op van buitenlanders die de VS binnenkomen, ook van toeristen.

11 *Georgië en Jemen:* een van de vaakst geuite punten van kritiek op het e-paspoort is het gebrek aan garantie dat andere staten de gegevens niet opslaan of voor andere doeleinden gebruiken (zie bv. http://www.beel.org/epass/epass-kapitel5-kritik.pdf)

11 *door je virusscanner*: de telecommunicatiecontrole omvat behalve het afluisteren van telefoongesprekken ook het meelezen van sms'jes, faxen en e-mails. De juridische grondslag hiervoor wordt geleverd naargelang aanleiding en doel van de controle door de politiewetten van de deelstaten, door artikel 100 van het Wetboek van Strafvordering, door de G-10-wet (wet bij artikel 10 van de grondwet: Wet op de beperking van het brief-, post- en telefoongeheim) of door artikel 23a van de Wet op de douanerecherche.

11 *welke als ze wil*: met het aannemen van de nieuwe Wet op de federale recherche in november 2008, die op 1 januari 2009 in werking trad, kreeg de omstreden onlineopsporing, dus zowel de verborgen eenmalige toegang tot een pc in het kader van een 'inzage' als een langere controle van informatiesystemen op privécomputers door ambtenaren, een wettelijke basis. Ook voordien werd ze al toegepast (zie http://www.taz.de/1/politik/schwerpunkt-ueberwachung/artikel/1/hausdurchsuchung-bei-der-piratenpartei/ en http://www.spiegel.de/netzwelt/web/0,1518,464631,00.html).

11 *binnen zes maanden nog nakijken*: met preventieve gegevensopslag wordt bedoeld de alomvattende registratie van het telefoon-, gsm-, e-mail- en internetgebruik van de bevolking voor strafvervolgingsdoeleinden voor een periode van zes maanden. Met de Wet op de nieuwe regeling van de telecommunicatiecontrole en andere verborgen op-

sporingsmaatregelen van 1 januari 2008 zette de Duitse regering de richtlijn 2006/24/EG van het Europees Parlement en van de Raad van 15 maart 2006 om. Omdat de preventieve gegevensopslag een inbreuk maakt op de grondrechten van de burgers, is hij politiek en juridisch fel omstreden. In maart 2008 heeft het Duitse Constitutioneel Hof de wet sterk ingeperkt, het proces loopt nog. De administratieve rechtbank van Wiesbaden verklaarde in maart 2009 als eerste Duitse rechtbank de preventieve gegevensopslag nietig en verzocht het Europees Gerechtshof de richtlijn te herzien.

11 *overheid weet naar wie*: in het kader van de strijd tegen witwassen van geld en de financiering van terrorisme scannen algoritmen vierentwintig uur per dag alle bewegingen op rekeningen. Bij opvallende bewegingen wordt alarm geslagen, bijvoorbeeld wanneer voor de klant atypische transacties gebeuren. Eliot Spitzer, de gouverneur van de staat New York, werd het slachtoffer van zo'n controlesoftware, die had ontdekt dat hij betalingen aan een callgirlclub had gedaan. Bovendien mogen op basis van de Wet tegen belastingontduiking van 23 december 2003 (letterlijk: 'Gesetz zur Förderung der Steuerehrlichkeit') de basisgegevens van bankrekeningen worden opgevraagd (zie http://217.160.60.235/BGBL/bgbl1f/bgbl103s2928.pdf).

12 *harde schijf naar de binnenlandse veiligheidsdienst*: burgers met Arabisch klinkende namen worden vaker dan andere door overheidsinstanties lastiggevallen. Het komt heel vaak tot persoonsverwisselingen omdat de Arabische namen op een heel andere manier kunnen worden getranscribeerd in het Latijnse alfabet.

Zo werd bijvoorbeeld de in Syrië geboren Duitse staatsburger Majed Shehadeh op 28 december 2006 toen hij de VS binnenkwam twee dagen lang zonder opgave van redenen vastgehouden en ondervraagd. Gedurende die periode mocht hij zijn levensbelangrijke hartmedicatie niet nemen. Vervolgens mocht hij de VS niet binnen – Shehadeh werd uitgewezen, hoewel zijn vrouw Amerikaanse is en hij al haast dertig jaar een huis in de VS bezit. Noch de immigratiediensten noch de FBI namen tot dusver een standpunt in dit geval in (zie http://wissen.spiegel.de/wissen/dokument/75/44/dokument.html?titel=Wie+im+Roman&id=51804457&top=SPIEGEL&suchbegriff=majed+she

hadeh&quellen=&qcrubrik=artikel).

12 *huis toch al vol afluisterapparatuur*: in maart 1998 kreeg de overheid door een aanvulling van artikel 13 van de grondwet de toelating voor de 'grote afluisteractie', de akoestische woningcontrole voor strafvervolgingsdoeleinden. De in november 2008 aangenomen nieuwe formulering van de Wet op de federale recherche en de samenwerking tussen de federale recherche en die van de deelstaten geeft ruimere bevoegdheden aan die recherche, o.a. videobewaking en ongemerkt betreden van woningen.

12 *het alarm in werking zetten*: de Duitse politie testte in het centraal station van Mainz in oktober 2006 videocamera's met herkenning van biometrische kenmerken (zie http://www.heise.de/newsticker/Foto-Fahndung-im-Mainzer-Hauptbahnhof--/meldung/79262). In de vs werken onderzoekers aan de verdere ontwikkeling van biometrische methoden die ook gedragsanalyse omvatten (zie http://www.buffalo.edu/news/8879).

12 *toegenomen alcoholconsumptie*: zie het merkwaardige geval van Robert Rivera: http://files.hanser.de/hanser/docs/20050302_2532164743-47_3-446-22980-9_Leseprobe.pdf.

12 *de Commune van Parijs*: hoe het Amerikanen vergaat die in de ogen van de regering verdachte titels in de bibliotheken willen uitlenen of kopen, beschrijft Alberto Manguels in *Die Bibliothek bei Nacht* (Frankfurt am Main 2007, S. Fischer, p. 144): 'Zoals censors maar al te goed weten, worden lezers door hun lectuur gedefinieerd. In de periode na 11 september 2001 vaardigde het Amerikaanse Congres een wet uit – clausule 215 van de us Patriot Act – volgens dewelke ambtenaren de uitleenactiviteiten in openbare bibliotheken mogen nagaan, evenals aankopen in privéboekhandels. Na die nieuwe wet besloten verschillende bibliotheken in de vs bij wijze van preventieve gehoorzaamheid bepaalde titels niet aan te kopen.'

12 *dan weet men precies waar u bent*: §100i van het Duitse Wetboek van Strafvordering.

12 *met al zijn tolkantoren*: er zijn plannen om tolgegevens te gebruiken voor opsporingsdoeleinden (zie http://www.sueddeutsche.de/automobil/116/435862/text/3/).

13 *uw geurstaal*: in de aanloop naar de G8-top in Heiligendamm van 6 tot 8 juni 2007 verzamelde de politie preventief geurstalen van tegenstanders van de G8. Bovendien werden gegevens van vermoedelijke ordeverstoorders opgeslagen in de antiterreurgegevensbank (zie http://www.heise.de/ct/Von-der-Anti-Terror-Gesetzgebung-ueber-die-Anti-Terror-Datei-zum-Schaeuble-Katalog/hintergrund/meldung/85995.

EERSTE HOOFDSTUK: WEG UIT DIE PAN!

17 *oprichten van een Europese databank*: de Europese Commissie stuurt aan op de oprichting van een centrale databank voor de vingerafdrukken van alle EU-burgers (zie http://www.focus.de/politik/ausland/eu_aid_267148.html).

17 *een grondwettelijk stokje steekt*: zo vernietigde het Duitse Constitutioneel Hof in februari 2008 de verordeningen in de Wet op de veiligheidsdienst van de deelstaat Noordrijn-Westfalen in verband met de onlineopsporing en creëerde daarmee het nieuwe 'recht op vrijwaring van de vertrouwelijkheid en integriteit van communicatiesystemen'. In maart vernietigde het eveneens de verordeningen van de deelstaten Hessen en Sleeswijk-Holstein in verband met de automatische registratie van autokentekens. Tijdens dezelfde maand beperkte het de preventieve gegevensopslag. In februari 2006 vernietigde het de toelating tot afschieten van vliegtuigen in de Wet op de luchtveiligheid en in juli 2005 de Wet op het Europese arrestatiebevel. Ook interessant qua grondrechtelijke dimensie zijn de vonnissen over 'dreigend gevaar' van februari 2001, de telefoontap bij journalisten van maart 2003, de 'grote afluisteractie' van maart 2004 en het politietoezicht met GPS van april 2005 (het grondwettelijke bezwaar werd weliswaar afgewezen, maar het gerecht eiste 'van de strafwetgever en de onderzoeksinstanties beschermende maatregelen in verband met ontwikkelingen in de informatietechnologie'). Begin 2009 verklaarde het Constitutioneel Hof de verordeningen van de Beierse wet die het recht op betogen en op vrije meningsuiting inperkten, niet toepasbaar.

TWEEDE HOOFDSTUK: DE LANGE WEG NAAR HET GRONDRECHT

22 *beslissingen in groep werden genomen*: zo leefden en leven ook vandaag nog bijvoorbeeld de volkeren van de San in Afrika en verschillende stammen van de Aboriginals in Australië in egalitaire maatschappijen; in Afrika zijn er enkele acefale maatschappijen, bijvoorbeeld de Logoli en de Somba.

24 *het land uit worden gebracht*: 'habeas corpus' was oorspronkelijk de beginformule van een bevel aan de gerechtsofficieren om de verdachte voor te geleiden in het middeleeuwse Engeland. Later werd de betekenis van het begrip precies het omgekeerde: vanaf de vernoemde Engelse wet van 1679 betekent het vandaag meestal de inperking van het recht op het uitvaardigen van arrestatiebevelen.

24 *in de gevangenis gegooid te worden*: precies dat overkwam de socioloog Andrej Holm. Omdat hij op internet naar de begrippen 'precarisering' en 'gentrification' had gezocht, hield de Duitse federale recherche hem voor een terreurverdachte. Hij werd een jaar lang geobserveerd, zijn huis werd met camera's bewaakt, in zijn woning werd afluisterapparatuur aangebracht. Ten slotte werd hij gearresteerd en verschillende weken vastgehouden. Het Constitutioneel Hof besloot dat de verdenking tegen Andrej Holm ongegrond was. Vergelijk bijvoorbeeld http://www.zeit.de/online/2007/34/wissenschaft-terrorverdacht-indizien. Als gevolg van de gebeurtenissen schreef een aantal wetenschappers een open brief tegen het in elkaar zetten van 'intellectueel daderschap' door de advocatuur van het federale gerechtshof, zie bv. http://www.springerlink.com/content/0454764v852765r3/.

24 *'vijandelijke strijders' buiten werking gesteld*: hij deed dat door het uitvaardigen van een wet die MCA ('Military Commissions Act') heette, die op 28 september 2006 door het Amerikaanse Congres werd goedgekeurd en die op 17 oktober 2006 na de ondertekening door Bush in werking trad.

24 *tegen die beslissing zijn er niet*: met het vonnis van 12 juni 2008 heeft het Supreme Court dat deel van de MCA opgeheven dat 'vijandelijke strijders' volledig onttrok aan de Amerikaanse jurisdictie. Het voorbeeld

van de Guantánamogevangenen toont echter aan dat die theoretische verbetering van de juridische toestand niet veel concrete gevolgen heeft voor de praktijk.

25 *de rechtbanken praktisch machteloos zijn*: vergelijk bijvoorbeeld http://www.nytimes.com/2009/03/14/us/politics/14gitmo.html?_r=2 en http://www-.zeit.de/news/artikel/2009/03/13/2751470.xml. De regering-Obama wordt daarom voor de voeten geworpen dat ze in tegenspraak met haar aankondigingen in de kiescampagne de Bush-doctrine voortzet.

26 *ons house als castle*: dit verwijst naar de spreekwoordelijke omzetting van het Britse grondrecht uit de zeventiende eeuw, dat luidde dat ambtenaren niet willekeurig en zonder rechterlijke toestemming in privéwoningen mochten binnendringen: 'My house is my castle'.

26 *tegenwoordig overbodig zijn geworden*: zo antwoordde staatssecretaris voor Binnenlandse Zaken August Hanning op de vraag van de *taz*: 'Moeten er ten behoeve van de privacy bepaalde terreinen zijn waar de staat met zekerheid niet mag binnendringen?' 'Natuurlijk niet.' (zie http://www.taz.de/1/politik/schwerpunkt-ueberwachung/artikel/1/intime-geraeusche-werden-geloescht/).

26 *internettoegang kan worden ingekeken*: e-mails bieden geen leesbescherming, haast alle browsers hebben veiligheidslacunes (zie http://www.sueddeutsche.de/computer/20/320889/text/).

26 *elke websiteraadpleging moeten bewaren*: later moeten de gegevens worden overgebracht naar een centraal bestand (zie http://www.heise.de/newsticker/Bericht-Britische-Regierung-will-E-Mail-Verkehr-und-Webzugriffe-in-Black-Boxes-aufzeichnen--/meldung/118506).

27 *500.000 keer verzocht*: zie http://www.spiegel.de/netzwelt/web/0,1518,589094,00.html.

27 *'vervormde mensen' produceert*: alle citaten van Mill uit het essay 'On Liberty', Chapter III, paragraaf 8, regel 3. Duitse vertaling in: Isaiah Berlin, 'Zwei Freiheitsbegriffe', p. 137, regel 40/41, in: Julian Nida-Rümelin, Wilhelm Vossenkuhl (Hrsg.), *Ethische und Politische Freiheit*, Walter de Gruyter, Berlin, New York 1998.

29 *wat de bedoeling is*: over de betekenis van de taal schrijft Martin Haase in zijn essay *Neusprech im Überwachungsstaat*: 'Zulke (vrijheidsbeperkende) maatregelen kunnen de bevolking moeilijk in de maag worden

gesplitst, daarom moeten politici die zich hiervoor inzetten naar buitengewone taalkundige en retorische middelen grijpen om de negatieve effecten van dit soort wetten te versluieren of te minimaliseren en er de positieve kanten van in de verf te zetten.' (zie http://events.ccc.de/congress/2008/Fahrplan/attachments/1193_Neusprech-Paper.pdf; zie ook een verzameling 'taalkundige rookgordijnen' van vrijheidsbeperkende maatregelen onder http://www.zeit.de/online/2009/04/neusprech-schaeuble-lexikon.

29 *berichtgeving over het Verdrag van Lissabon*: de top in Lissabon, waar de staats- en regeringsleiders het eens werden over de definitieve tekst van het Verdrag van Lissabon, vond plaats op 18 en 19 oktober 2007; de pers bracht er uitvoerig verslag over uit. Tegelijk presenteerde de Europese commissaris voor Justitie Franco Frattini voorstellen voor het oprichten van een centrale gegevensbank en voor het opslaan van passagiersgegevens.

30 *een verdedigingsscherm tegen staatsingrijpen*: het Duitse Constitutioneel Hof over de effecten van inbreuken op de grondrechten met betrekking tot veiligheidsmaatregelen voor de democratie: 'Wie er niet zeker van is of afwijkende gedragingen te allen tijde worden genoteerd en of die informatie voor langere tijd wordt opgeslagen, gebruikt of doorgegeven, zal proberen niet op te vallen door dit soort gedragingen. Wie er rekening mee houdt dat bijvoorbeeld deelname aan een vergadering of een actiegroep door de overheid wordt geregistreerd en dat daardoor risico's voor hem kunnen ontstaan, zal misschien afzien van de uitoefening van zijn grondrechten (artikel 8, 9 GW).' (Duits Constitutioneel Hof, deel 65,43; uit: Skadi Krause: *Antiterrorkampf und die Verteidigung der Grundrechte*. In: A. Brodocz, M. Llanque, G. Schaal (Hrsg.): *Bedrohungen der Demokratie*. Verlag für Sozialwissenschaften, Wiesbaden 2008.)

DERDE HOOFDSTUK: SPROOKJE VAN DEGENEN DIE EROPUIT TROKKEN OM HET GRIEZELEN AAN TE LEREN

33 *in 1998*: zie http://gewaltueberwinden.org/fileadmin/dov/files/wcc_resources/dov_documents/WME_Summary_g.pdf.

34 *voortdurend moeten doen*: zie http://www.defenselink.mil/transcripts/ transcript.aspx?transcriptid=1901.

36 *oosterse gelaatstrekken staat*: passagiers met een buitenlands uiterlijk en een buitenlandse naam worden op Europese en Amerikaanse luchthavens vaak bijzonder intensief gecontroleerd (zie http://www.spiegel.de/ reise/aktuell/0,1518,586023,00.html en http://www.toomuchcookies.net/ archives/656/muslima-im-flughafen-beleidigt-und-geschlagen.htm).

36 *vliegtuig dat ze wilden nemen*: zie http://www.heise.de/newsticker/ Zehntausende-Flugpassagiere-faelschlicherweise-als-Terrorverdaechtigte-gelistet--/meldung/67083 en http://www.sueddeutsche.de/politik/736/357563/text/.

36 *maar wannéér*: in verband met zijn plannen voor onlineopsporing zei hij in een gesprek met de *Frankfurter Allgemeine Sonntagszeitung* op 16 september 2007: 'Veel experts zijn intussen overtuigd dat het er alleen nog maar om gaat wanneer zo'n aanval er komt, niet meer of die er komt.' (zie http://www.spiegel.de/politik/deutschland/0,1518,505956,00.html).

36 *op het toilet laten bespioneren*: zie www.taz.de/1/politik/1/intime-geraeusche-werden-geloescht/.

36 *misdaadcijfers in het land*: de criminaliteit in Duitsland daalt al jaren (zie overzicht op p. 3 van de samenvatting van het politieverslag met de criminaliteitsstatistieken voor 2007 http://www.bka.de/pks/pks2007/ download/pks2007_imk_kurzbericht.pdf).

37 *verkeerde toediening van medicamenten in ziekenhuizen*: elk jaar zijn er in Duitsland meer dan 15.000 griepslachtoffers. Voor meer voorbeelden voor de in vergelijking met andere doodsoorzaken geringe waarschijnlijkheid het slachtoffer van een terreuraanslag te worden, zie http://de.truveo.com/QuarkCo-reales-Risiko-eines-Terroranschlags/ id/1657364559 vanaf 1/08. Voor een overzicht over de doodsoorzaken in Duitsland in 2007 zie http://de.statista.com/statistik/daten/studie/240/umfrage/verteilung-der-sterbefaelle-nach-todesursachen/.

38 *naar het Pakistaanse grensgebied gebracht*: bijvoorbeeld begon in december 2008 het proces tegen een Duitse staatsburger van Pakistaanse afkomst die onder andere ten laste gelegd werd tussen april 2005 en juni 2007 vier keer te hebben gereisd in het grensgebied tussen Paki-

stan en Afghanistan en daarbij in totaal 27.000 euro en verrekijkers, zendapparatuur en nachtkijkers te hebben overhandigd aan 'Al-Qaida'-leiders (zie http://www.welt.de/welt_print/article2813792/Mit-besten-Empfehlungen-zu-al-Qaida.html; voor meer voorbeelden zie http://www.n-tv.de/1041848.html en http://www.spiegel.de/politik/deutschland/0,1518,606189,00.html).

40 *beledigt men het overgrote deel van de moslims*: De meesten van de ongeveer 1,4 miljard moslims in de hele wereld veroordelen terroristische aanslagen (zie: http://www.spiegel.de/politik/ausland/0,1518,184650,00.html, http://www.islam.de/3216.php en http://www.kas.de/proj/home/pub/76/1/-/dokument_id-14721/index.html; in dit verband ook interessant de tien stellingen van auteur Jürgen Todenhöfer over de islam (zie http://www.warumtoetestduzaid.de/de/mainmenu/10-thesen/alle-zehn-thesen/these1.html). De tot dusver grootste enquête onder moslims over de hele wereld is te vinden in het boek *Who speaks for Islam* van John Esposito en Dalia Mohahed, met vaak een verrassende kijk op de veelheid aan meningen in de 'islamitische wereld'.

42 *heet deze nieuwe oorlog 'asymmetrisch'*: onder een 'asymmetrische oorlog' verstaat men sinds het einde van de Koude Oorlog militaire conflicten tussen partijen die heel verscheiden qua uitrusting en strategie zijn.

43 *'levensreddende foltering'*: het begrip werd voor het eerst gebruikt door de Hamburgse hoogleraar strafrecht Reinhard Merkel in de discussie over de behandeling van de kinderontvoerder Magnus Gäfgen door de vicevoorzitter van de Frankfurtse politie Wolfgang Daschner. Sindsdien discussiëren juristen over de mogelijke grenzen van het folterverbod (zie bv. http://www.proasyl.de/texte/mappe/2004/91/16.pdf).

VIERDE HOOFDSTUK: WEET U HET ZEKER?

44 *de naaktscanner op de luchthaven*: naaktscanners zijn bodyscanners die door middel van röntgenreflectie afbeeldingen van het menselijke lichaam kunnen maken. Er is veel discussie over het inzetten ervan (zie http://www.spiegel.de/reise/aktuell/0,1518,586083,00.html).

46 *al jarenlang daalt*: zo toont het politieverslag met de criminaliteitsstatistieken voor 2007 een verdere afname van het aantal gevallen van

moord, doodslag en verkrachting (zie http://www.bmi.bund.de/cae/servlet/contentblob/133006/publicationFile/13176/Polizeiliche_Kriminalstatistik_2007_de.pdf).

46 *door zware misdaden bedreigd voelen*: een representatieve enquête van Infas uit 2006 toont aan dat men denkt dat de criminaliteit stijgt (zie http://www.3sat.de/dynamic/sitegen/bin/sitegen.php?tab=2&source=/nano/bstuecke/91920/index.html). Over het angstniveau zie de studie uit 2008 van de R+V (http://www.bmbf.de/pub/Egg.pdf vanaf p. 9, vooral op p. 12).

46 *kwetsbaarder geworden door bommen in koffers*: zie http://www.defenselink.mil/speeches/speech.aspx?speechid=323.

47 *risico van situaties verkeerd inschat*: vgl. *Das Ziegenproblem: Denken in Wahrscheinlichkeiten* van Gero von Randow, Rowohlt Verlag, Neuausgabe 2004.

47 *slachtoffer van een terroristische aanslag wordt?*: Het subjectieve risicogevoel leidt tot overschatting van de waarschijnlijkheid van het herhalen van gebeurtenissen met pregnante gevolgen en grote *mediacovering* (zie http://de.truveo.com/QuarkCo-reales-Risiko-eines-Terroranschlags/id/1657364559).

48 *slachtoffer van een terroristische aanslag te worden*: volgens een enquête van Forsa in 2007 (zie http://www.focus.de/politik/deutschland/anschlag-der-weg-in-den-terror_aid_219788.html).

49 *strategieën van toenadering, integratie*: zo publiceren verschillende deelstaten integratieverslagen die de resultaten van integratie-inspanningen verduidelijken (zie bv. http://www.spiegel.de/politik/deutschland/0,1518,573124,00.html); ook studies tonen meetbare gevolgen aan (zie http://www.berlin-institut.org/studien/ungenutzte-potenziale.html).

VIJFDE HOOFDSTUK: WETTEN DIE KANT NOCH WAL RAKEN

51 *al het doemscenario in te denken*: in een interview met de Frankfurter Allgemeine Sonntagszeitung op 16 september 2007 (zie http://www.spiegel.de/politik/deutschland/0,1518,505956,00.html).

52 *net voor de stemming voorgelegd*: de oppositiepartijen namen niet deel

aan de stemprocedure voor deze wet op 13 december 2001, om daarmee te protesteren tegen de 'minachting van de parlementaire rechten' die volgens hen o.a. bleek uit de extreem korte tijdsspanne die ze kregen om de documenten te controleren (zie http://webarchiv.bundestag.de/ archive/2006/0706/aktuell/hib/2001/2001_327/01.html).

52 *ineffectief blijken*: theoretici van het strafrecht spreken over een 'toenemend symbolisch karakter' van het strafrecht, een 'tendens die door het parlement kennelijk duidelijk beoogd wordt, omdat juist met symbolische wetten de indruk van politieke daadkracht kan worden gegeven' (uit: Skadi Krause: *Antiterrorkampf und die Verteidigung der Grundrechte*. In: A. Brodocz, M. Llanque, G. Schaal (Hrsg.): *Bedrohungen der Demokratie*. vs Verlag, Wiesbaden 2008.

52 *privédatabanken onderzoek kunnen worden*: over de geschiedenis en de methode van de rasteropsporing zie http://www.lexexakt.de/glossar/rasterfahndung.php.

52 *kort daarop weer afgesloten*: uit de 8,3 miljoen bestanden werden 19.000 'proefgevallen' gelicht, die op hun beurt in slechts één geval tot een (al vlug weer afgesloten) onderzoek leidden.

52 *als opsporings- of vervolgingsdruk aangevoeld*: de Hessische minister van Binnenlandse Zaken Volker Bouffier in zijn antwoord op de deelvraag 'Is de deelstaatregering van mening dat rasteropsporing als middel van misdaadbestrijding aan de verwachtingen beantwoordt en, indien ja, om welke reden?' uit de schriftelijke interpellatie van parlementslid Hahn (FDP) op 10 maart 2004 (zie http://www.cilip.de/terror/lt-hessen-16-02042.pdf (p. 2).

53 *moeilijker maken valse passen te gebruiken*: e-paspoorten moeten ervoor zorgen dat vervalste of gewijzigde paspoorten niet kunnen worden gebruikt om de grens over te komen, en moeten verhinderen dat criminelen de identiteit van de eigenaar van een echt paspoort kunnen aannemen (zie http://www.bmi.bund.de/cln_174/DE/Themen/Sicherheit/PaesseAusweise/eReisepass/eReisepass_node.html).

53 *een valse pas bij hadden*: de cijfers komen uit het antwoord van de Bondsregering op twee deelvragen uit de schriftelijke interpellatie van verschillende parlementsleden in mei 2007 over de noodzaak van biometrische paspoorten om veiligheidsredenen (zie http://dip21.bunde-

stag.de/dip21/btd/16/055/1605507.pdf vraag 2 en 3 op p. 1 en 2). In het geval van 11 september zou een e-paspoort bijvoorbeeld niets hebben uitgehaald omdat Mohammed Atta niet eens heeft geprobeerd zijn identiteit te verhullen, maar onder zijn echte naam reisde. Vgl. in dit verband Skadi Krause: *Antiterrorkampf und die Verteidigung der Grundrechte*. In: A. Brodocz, M. Llanque, G. Schaal (Hrsg.): *Bedrohungen der Demokratie*, vs Verlag, Wiesbaden 2008.

53 *op te nemen in een alomvattend misdaadregister*: zo beklemtoonde bijvoorbeeld de toenmalige minister van Binnenlandse Zaken Otto Schily kort voor de invoering van het e-paspoort in 2005 dat een centrale opslag van de paspoortgegevens niet was voorzien in de EU-verordening en dat de Duitse wetgeving op het paspoort bovendien een duidelijk verbod op een centraal paspoortbestand behelst (zie http://www.eu2007.bmi.bund.de/nn_122688/Internet/Content/Nachrichten/Archiv/Pressemitteilungen/2005/06/ePass.html). Zijn opvolger Wolfgang Schäuble antwoordde echter in een interview met de *taz* in februari 2007 op de vraag hoelang die belofte gold dat er geen centrale of decentrale opslag van gegevens zou komen, heel wat vager: 'De wetgever behoudt steeds de mogelijkheid om eens genomen beslissingen later te herzien. Ik spreek me daar nu niet over uit.' (zie http://www.taz.de/index.php?id=archivseite&dig=2007/02/08/a0169).

53 *de vingerafdrukken van alle EU-burgers worden opgeslagen*: zie http://www.heise.de/newsticker/EU-Kommission-will-zentralisierte-Datenbank-fuer-Fingerabdruecke--/meldung/86924 en http://diepresse.com/home/politik/eu/372724/index.do?from=simarchiv.

53 *vier miljoen burgers betrokken*: zie http://www.heise.de/ct/06/11/060/.

54 *door buitenlandse veiligheidsdiensten*: in zijn artikel 'Das Ende der Privatheit' in: *Grundrechte-Report 2003*, p. 15.

54 *niet zinvol kunnen worden vastgesteld*: de parlementsleden van de deelstaat van Baden-Württemberg Hans-Ulrich Sckerl en Thomas Oelmayer stelden een schriftelijke vraag aan het ministerie van Justitie (op 22 augustus 2006, zie http://www.landtag-bw.de/WP14/Drucksachen/0000/14_0276_d.pdf).

55 *onlineopsporing*: onder onlineopsporing wordt zowel de verborgen eenmalige toegang tot een pc in het kader van een 'inzage' als een

langere controle van informatiesystemen op privécomputers met technische middelen door ambtenaren verstaan. Met de goedkeuring van de nieuwe Wet op de federale recherche in november 2008, die op 1 januari 2009 in werking trad, kreeg de omstreden onlineopsporing een wettelijke basis. Ook voordien werd ze al toegepast (zie http://www.spiegel.de/politik/deutschland/0,1518,479422,00.html). Over de technische werking van de onlineopsporing zie http://www.faz.net/s/Rub594835B672714A1DB1A121534F010EE1/Doc-EE4EF4959326A48ADA8B884CD499B5720-ATpl-Ecommon-Scontent.html.

55 *dat ze ofwel niet wisten:* in een interview met *Die Welt* verklaarde Schäuble dat hij niet zo veel verstand had van techniek als van de grondwet (zie http://wolfgang-schaeuble.de/fileadmin/user_upload/PDF/070415wams.pdf), en in een interview met de Duitse radio zei hij: 'Ik ben geen expert, en ik weet ook helemaal niet of het wel zo opportuun is om elke onderzoeksmethode van de veiligheidsdienst uitvoerig te bediscussiëren' (zie http://www.dradio.de/dlf/sendungen/idw_dlf/675438/). Ziercke verzette zich in september 2007 tegen de eis dat de federale recherche moest aantonen hoe het bespioneren in de praktijk in zijn werk ging met de volgende woorden: 'Wij van de recherche hebben nog geen onlineopsporingen uitgevoerd' (zie http://www.heise.de/newsticker/Merkel-und-Schaeuble-beharren-auf-heimlichen-Online-Durchsuchungen--/meldung/95505). De Duitse regeringscommissaris voor privacybescherming Peter Zaar bevestigde dat beleidsmakers heel vaak geen feitenkennis hebben (zie http://www.heise.de/tp/r4/artikel/26/26423/1.html).

55 *ofwel niet mochten vertellen:* faz.net schreef in september 2007 dat het ministerie van Binnenlandse Zaken op een vraag over de werking van de zogenaamde 'Bundestrojaner' antwoordde: 'Een algemene uitspraak over precieze methoden hoe informatie wordt ingewonnen is niet mogelijk' (zie http://www.faz.net/s/RubF359F74E867B46C1A180E8E1E-1197DEE/Doc-EF233E62A2BC144AF908CC01D8729E30B-ATpl-Ecommon-Scontent.html).

55 *verwezen naar geheimzinnige overheidsexperts:* zo beriep bijvoorbeeld het hoofd van de federale recherche Jörg Ziercke zich in een discussie met burgerrechtactivisten in september 2007 herhaaldelijk op niet met

name genoemde experts, die hem de technische haalbaarheid zouden hebben bewezen (zie http://www.heise.de/newsticker/Buergerrechtler-diskutieren-mit-BKA-Chef-ueber-Online-Durchsuchung--/meldung/96369).

55 *de omstreden technische haalbaarheid*: zo schrijven bijvoorbeeld de auteurs Burkhard Schröder en Claudia Schröder in hun in september 2008 gepubliceerde boek *Die Online-Durchsuchung*: 'Wat betreft de technische voorwaarden is nauwelijks te geloven dat iemand in alle ernst een discussie wil aangaan over de onlineopsporing als onderzoeksmethode.' Ook andere experts betwijfelen de technische haalbaarheid (zie http://www.tagesspiegel.de/politik/art771,1966277).

55 *in de woning van een verdachte in beslag nemen:* de rechtsgrondslag hiervoor wordt geleverd door artikel 102 e.v. van het Wetboek van Strafvordering, die de huiszoeking en de beslagname regelen.

55 *heel concrete gevallen in aanmerking:* Ziercke verklaarde dit bijvoorbeeld in de interviews met de *taz* in maart 2007 (zie http://www.taz.de/index.php?id=archivseite&dig=2007/03/26/a0119), met het weekblad *Stern* in nummer 36/2007 (zie http://www.stern.de/presse/vorab/:BKA-Chef-Ziercke-Ich-Volks-DNA/596362.html) en met *tagesschau.de* in februari 2008 (zie http://www.tagesschau.de/inland/interviewzierke2.html).

55 *als niet heel precies moet worden gekwalificeerd:* zie http://www.heise.de/newsticker/BND-benutzt-Online-Durchsuchung-zur-Spionage--/meldung/134169, vgl. ook de verslaggeving in *Der Spiegel*, nummer 11/2009.

56 *zal wel iets vinden:* de Bondsregering heeft al aangekondigd dat ze een wettelijke grondslag wil creëren zodat bij een onlineopsporing verkregen gegevens ook kunnen worden gebruik voor strafvervolging. Dat betekent: wat door de federale recherche toevallig wordt gevonden op doorzochte harde schijven, moet ook kunnen leiden tot strafprocessen buiten de terrorismebestrijding. Vgl. op http://www.heise.de/newsticker/Bundesregierung-will-OnlineDurchsuchung-auch-zur-Strafverfolgung-erlauben-Update--/meldung/134953.

56 *beslag leggen op privé gemaakte bewakingsbeelden*: ze deed dit bijvoorbeeld in het kader van de opsporing naar de 'kofferbommenlegger van

Keulen', waarvoor ze camerabeelden van de Duitse spoorwegen op het centraal station van Keulen gebruikte. Andere toegangsmogelijkheden worden besproken of zijn in voorbereiding.

56 *het nut van die maatregel bewijst:* zie http://www.heise.de/tp/r4/artikel/20/20572/1.html en http://www.daten-speicherung.de/index.php/studie-videoueberwachung-kaum-von-nutzen/. Ook: Dietmar Kammerer, *Bilder der Überwachung*, Frankfurt 2008, p. 63.

57 *met slechts 76 procent toegenomen:* dit voerde de Oostenrijkse privacybeschermer Hans Zeger aan in een gesprek met de ORF.

57 *internationaal omvangrijkste videobewaking:* het aantal camera's in openbare ruimten in Groot-Brittannië wordt geschat op vijf miljoen. (vgl. Anne-Catherine Simon, Thomas Simon: *Ausgespäht und abgespeichert*, p. 43). In 2003 werd een Britse burger gemiddeld 300 keer per dag door camera's gefilmd. (vgl. Dietmar Kammerer, *Bilder der Überwachung*, Frankfurt 2008, p. 45).

57 *als een 'totaal fiasco' beoordeelt:* uit: Anne-Catherine Simon, Thomas Simon: *Ausgespäht und abgespeichert*, p. 54.

57 *omdat hij op een bankrover leek:* zie http://www.hr-online.de/website/rubriken/nachrichten/index.jsp?rubrik=15662&key=standard_document_33184662.

57 *nog een stuk onmenselijker:* hij verklaarde dit tegenover de *Süddeutsche Zeitung* in verband met een overval waarbij twee jongeren een 76-jarige gepensioneerde hadden bespuugd, beschimpt en neergeslagen (zie http://www.sueddeutsche.de/muenchen/745/428500/text/).

58 *van de 'kofferbommenlegger' in Keulen:* op 31 juli 2006 deponeerden twee mannen op het centraal station van Keulen in twee regionale treinen kofferbommen. De arrestatie van de daders in augustus werd in de media een opsporingssucces genoemd (zie bv. http://www.stern.de/politik/deutschland/:Fahndungserfolg-Zweiter-Kofferbomber-/568412.html).

58 *tip van de Libanese geheime dienst:* zie http://www.focus.de/politik/deutschland/kofferbomber_aid_114060.html.

58 *zich geenszins verdacht had gedragen:* voor de schoten op hem werden gelost, werd De Menezes door verschillende videocamera's bij onschuldige activiteiten zoals het meepakken van een gratis metrokrant en het nemen van de roltrap gefilmd. Hij werd uitsluitend verdacht op grond

van een vage gelijkenis met gezochte personen.

58 *verkoop van veiligheidstechnologie:* in de jaren negentig gaf de Britse staat elk jaar ongeveer 670 miljoen euro uit voor de aanschaf en het onderhoud van bewakingscamera's. Alleen al de evaluatie van bewakingsbeelden van de 10.000 Londense camera's kost elk jaar 250 miljoen. Vgl. Anne-Catherine Simon, Thomas Simon, *Ausgespäht und abgespeichert,* p. 42f.

59 *de rekeningen van de nationale IJslandse bank te bevriezen:* hij reageerde daarmee op de weigering van de bank om Britse spaartegoeden te garanderen (zie http://www.focus.de/politik/ausland/finanzkrise-island-kaempft-mit-spass-waffen_aid_343017.html).

59 *'Sauerlandterroristen':* op 4 september 2007 werden drie vermoedelijke terroristen in het Sauerland gearresteerd. Ze werden ervan beschuldigd verscheidene aanslagen met autobommen in Duitsland te hebben gepland. Een jaar na de arrestatie werd klacht ingediend: het proces tegen hen begon op 24 maart 2009.

59 *van de Amerikaanse en Turkse geheime diensten:* een jarenlange informant van de Amerikaanse en Turkse geheime diensten zou de groep bommateriaal hebben bezorgd (zie: http://www.spiegel.de/politik/deutschland/0,1518,576682,00.html en http://www.stern.de/panorama/:Sauerland-Zelle-Mutma%DFlicher-CIA-Mann-der-Chef/653678.html).

60 *met geld van het ministerie voor Wetenschappelijk Onderzoek ontwikkeld:* de Bondsregering ondersteunt het ontwikkelen van de 'naaktscan'-techniek met 29 miljoen euro (zie http://www.heise.de/tp/r4/artikel/29/29010/1.html).

ZESDE HOOFDSTUK: WIE KAN IN DE TOEKOMST KIJKEN?

61 *ze streeft in toenemende mate naar preventie:* terwijl de media en de politici het begrip 'preventie' vaak in de algemene betekenis van het woord gebruiken als een preventieve maatregel om de veiligheid te verbeteren, heeft het in het politierecht in feite een specifieke betekenis. Informatie hierover op http://www.rechtslexikon-online.de/Polizeitaetigkeit_praeventive.html.

62 *toetreedt tot een terroristische vereniging:* een wet die o.a. het bezoeken van zogenaamde terroristische opleidingskampen moet bestraffen wordt op dit ogenblik voorbereid en betwist.

62 *ideeën of plannen alleen:* het Duitse strafrecht eist steeds ook een extern feit, een concrete handeling dus. Tot dusver bestaan er dus geen 'opiniedelicten'.

63 *elke maand komen er twintigduizend bij:* zie http://www.taz.de/1/politik/amerika/artikel/1/george-bushs-lange-liste/ en http://www.aclu.org/privacy/spying/watchlistcounter.html.

65 *tot de islam bekeerde Duitsers waren:* zie http://www.wdr.de/themen/panorama/terror/festnahmen_geplanter_anschlag/index.jhtml en http://www.zeit.de/online/2008/36/sauerland-terroristen.

66 *in de zaken Kurnaz:* Murat Kurnaz is een in Duitsland geboren Turkse staatsburger die van januari 2002 tot augustus 2006 in Guantánamo gevangen werd gehouden. Twee parlementaire onderzoekscommissies onderzochten resp. onderzoeken of Kurnaz door Duitse militairen werd mishandeld en of de Duitse regering in 2002 heeft verzuimd om zijn vrijlating te bewerkstelligen.

66 *al-Masri:* Khaled al-Masri is een Duits staatsburger die in 2003/2004 als 'terreurverdachte' door de CIA werd ontvoerd. Een onderzoekscommissie moest de betrokkenheid van Duitse ambtenaren bij de zaak nagaan.

66 *gewoon ongeschikt is:* in zijn bijdrage 'Bürgerstrafrecht und Feindstrafrecht' in nr. 3/2004 van het *Online-Zeitschrift für Höchstrichterliche Rechtsprechung im Strafrecht* (beslissingen van de hoogste rechterlijke instantie) op p. 92 (zie http://www.hrr-strafrecht.de/hrr/archiv/04-03/index.php3?sz=6).

67 *waar zeshonderd 'vijandelijke strijders' worden vastgehouden:* De Amerikaanse luchtmachtbasis Bagram Air Base ligt in het noordoosten van Afghanistan. In het interneringskamp daar bevinden zich meer dan dubbel zo veel gevangenen als in Guantánamo (zie http://www.spiegel.de/politik/ausland/0,1518,609135,00.html). In tegenstelling tot Guantánamo is er na de ambtsaanvaarding van Obama voor de gevangenen in Bagram niets veranderd – ze zijn nog altijd volledig rechteloos (zie http://www.nytimes.com/2009/02/22/washington/22bagram.

html?_r=1&scp=1&sq=obama%20bagram&st=cse en – een vrij recente Nederlandstalige: http://www.mo.be/index.php?id=348&tx_uwnews_pi2%5Bart_id%5D=26268&cHash=8ca9d1074b).

ZEVENDE HOOFDSTUK: WAAROM ACCEPTEREN WE DIT?

73 *zou kunnen worden afgeschaft:* dat wordt geregeld in de zogenaamde 'eeuwigheidsclausule' in artikel 79, par. 3 van de grondwet.

73 *uitzondering op het folterverbod zou moeten worden gemaakt:* sinds de ontvoering van de elfjarige Jakob von Metzler in september 2002 discussiëren juristen, maar ook politici over de mogelijke grenzen van het folterverbod. (zie bv. http://www.akweb.de/ak_s/ak491/38.htm, http://www.heise.de/tp/r4/artikel/25/25959/1.html en http://www.zeit.de/2004/51/Essay_Daschner).

73 *hebben dat soort uitzonderingen al doorgevoerd:* bijvoorbeeld de VS (zie http://www.heise.de/tp/r4/artikel/25/25781/1.html en http://www.zeit.de/2008/08/USA-Folter).

73 *gebruikmaken van informatie die verkregen is door folterpraktijken:* een paar vertegenwoordigers van de Bondsregering vonden dat men voor het verkrijgen van inlichtingen in de strijd tegen het terrorisme ook de samenwerking niet mocht schuwen met inlichtingendiensten die methoden gebruiken die de mensenrechten schenden (zie http://files.institut-fuermenschenrechte.de/488/d63_v1_file_4641e705b1a84_IUS-032_S_Terror3_ND1_RZ_WEB.pdf p. 46. Daarin: 'Minister van Binnenlandse Zaken Wolfgang Schäuble beklemtoonde dat het onverantwoord was om informatie waarvan men niet zeker kon zijn dat ze werd verkregen in omstandigheden conform de rechtsstaat in het algemeen niet te gebruiken. (…) minister van Binnenlandse Zaken van de deelstaat Beieren Günther Beckstein gaf weliswaar toe dat het inzetten van folterpraktijken in het kader van de strafvervolging een absoluut taboe was, maar hij gaf de federale minister gelijk dat voor de contra-informatiedienst relevante inlichtingen mogen worden gebruikt door derden – en wel onafhankelijk van het feit hoe die inlichtingen werden verkregen.')

ACHTSTE HOOFDSTUK: *ANGST SELLS*

75 *die elke dag aan malaria sterven:* zie http://www.rp-online.de/public/article/wissen/gesundheit/560/Laut-Bericht-von-WHO-und-UNICEF.html.

75 *het weekblad Focus:* nr. 6/2009.

77 *680 keer zwart op wit:* deze gegevens telden we zelf bijeen in de archieven van de *taz* en de *Neue Zürcher Zeitung*.

78 *'Britse politie bang voor ecoterroristen':* zie http://derstandard.at/Text/?id=1226250788071.

78 *The Observer geciteerd:* die had het artikel onder de titel 'Police warn of growing threat from eco-terrorists' op 9 november 2008 gepubliceerd; *The Observer* stelt het originele artikel niet online ter beschikking (zie daarom http://www.earthfirst.org.uk/actionreports/node/21769).

78 *Earth First!:* in verband met de organisatie zelf zie http://www.earthfirst.org/. In verband met de gebeurtenissen zie http://www.monbiot.com/archives/2008/12/23/the-paranoia-squad/.

79 *sinds geruime tijd over 'ecoterrorisme':* zie bv. http://www.sueddeutsche.de/wissen/925/435672/text/.

80 *verdachtmakingen niet wilde bewijzen:* zie http://www.guardian.co.uk/commentisfree/2008/nov/23/readers-editor-climate-change.

80 *voor verdere gevaren:* zo zette bijvoorbeeld *Der Spiegel* in de voorbije acht jaar de volgende titels op zijn cover: 'Krieg der Welten – Bin Ladens Schläfer. In Afghanistan trainiert, als Asylanten in Europa' (42/2001), 'Terror gegen Touristen – Bin Ladens deutsches Netzwerk' (17/2002,), '… wenn Du mir den Tod befiehlst – Al-Qaida-Basis Deutschland' (13/2004), 'Strategie Massenmord – Die Al-Qaida-Offensive fünf Jahre nach dem 11. September 2001' (33/2006), 'Der Koran – Das mächtigste Buch der Welt' (52/2007), 'Terror-Basis Pakistan – Bin Ladens deutsche Jünger' (38/2007), 'Der Preis der Angst – wie der Terrorismus den Rechtsstaat in Bedrängnis bringt' (28/2007), 'Mekka Deutschland – Die stille Islamisierung' (13/2007).

81 *genuanceerde onderzoeksjournalistiek:* vb. Der Spiegel (zie http://www.spiegel.de/netzwelt/tech/0,1518,587219,00.html).

NEGENDE HOOFDSTUK: WANT ZE WETEN NIET WAT ZE DOEN

83 *internetcorrespondentie te kunnen opnemen:* deze en de volgende voorbeelden over de verdere uitbouw van de controlemaatschappij uit: Anne-Catherine Simon, Thomas Simon, *Ausgespäht und abgespeichert,* pp. 175, 184, 72, 221.

84 *sympathie voor zogenaamde rechten van die aard:* Kammerer, *Bilder der Überwachung,* p. 43.

84 *die de staat onbenut laat:* in een speech over het thema 'controle' tijdens een verkiezingsmeeting in Osnabrück in januari 2008 (zie http://udovetter.de/lawblog/merkel_os.mp3 en http://freiheitblog.wordpress.com/2008/01/22/machbarkeitsprinzip/).

85 *tegen het bewaren van data:* zie http://www.gruene.de/cms/default/dok/263/263624.vorratsdatenspeicherung_stoppen.htm.

85 *de 'grote afluisteractie':* zie http://www.gruene.de/cms/default/dok/229/229680.innenminister_auf_abwegen.htm.

85 *de 'grote afluisteractie' maar niks:* zie http://archiv2007.sozialisten.de/presse/presseerklaerungen/view_html/zid15249/bs1/n26.

85 *tegen de belastingidentificatienummers:* het ook TIN (Tax Identification Number) genoemde belastingidentificatienummer is een identificatienummer dat voor heel Duitsland voor onbepaalde tijd geldt voor alle in Duitsland geregistreerde burgers. Bij de geboorte krijgt iedereen zo'n nummer. Er wordt gediscussieerd over de grondwettelijkheid ervan.

86 *de invoering van de biometrische identiteitskaart:* zie http://www.heise.de/newsticker/FDP-will-biometrische-Daten-aufdem-Ausweis--/meldung/21893.

86 *een 'verdere stap naar de totale controle' noemde:* zie http://www.fdp-fraktion.de/webcom/show_article_neu.php/_c-334/_nr-1345/i.html.

86 *om de reeds voorhanden bevoegdheden succesvol in te zetten:* zie bv. http://www.heise.de/security/Kripo-warnt-vor-rechtsfreiem-Cyberspace--/news/meldung/122375 en http://www.spiegel.de/politik/deutschland/0,1518,165964,00.html.

87 *een mail kan daarvan een voorbeeld zijn:* tijdens een debat over de onlineopsporing na het bekend worden van details hoe het ministerie van

Binnenlandse Zaken die wil concretiseren; de Duitse radio gebruikte het citaat in een op 30 augustus 2007 uitgezonden programma (zie http://www.tagesschau.de/multimedia/audio/audio5648.html vanaf 2:05 en http://netzpolitik.org/2007/messer-gabel-bundestrojaner/).

88 *een online-expert zou zijn:* tijdens een persconferentie van de regeringsvoorlichtingsdienst van 15 mei 2007 (zie http://www.netzpolitik.org/wp-upload/schaeuble_onlinedurchsuchung.mp3).

88 *welke instrumenten ze eigenlijk eisen:* in een interview met *Die Welt* verklaarde Schäuble dat hij niet zo veel verstand had van de techniek als van de grondwet (zie http://wolfgang-schaeuble.de/fileadmin/user_upload/PDF/070415wams.pdf); tijdens de persconferentie van 15 mei 2007 kreeg hij de functionering van de onlineopsporing niet uitgelegd (zie http://www.netzpolitik.org/wp-upload/schaeuble_onlinedurchsuchung.mp3 en http://netzpolitik.org/2007/schaeuble-stoibert-ueber-die-online-durchsuchung/); en in een interview met de Duitse radio zei hij: 'Ik ben geen expert, en ik weet ook helemaal niet of het wel zo opportuun is om elke onderzoeksmethode van de veiligheidsdienst uitvoerig te bediscussiëren.' (zie http://www.dradio.de/dlf/sendungen/idw_dlf/675438/).

88 *hun criminele daden voorbereiden:* deze en de volgende citaten van Ziercke komen uit een interview met Deutschlandradio Kultur op 6 februari 2007 (zie http://www.dradio.de/dkultur/sendungen/interview/590511/).

90 *hebben we meer controle nodig:* in een videopodcast van de kanselier van november 2006 (zie http://www.heise.de/newsticker/Merkel-plaediert-fuer-mehr-Ueberwachung-trotz-hoher-Sicherheit--/meldung/80901).

90 *(Pofalla, Merkel, Beckstein):* in zijn nieuwjaarsbrief 2007 schreef de secretaris-generaal van de CDU: 'Terrorisme moet consequent en vastberaden worden bestreden. De CDU zal niet toelaten dat er in Duitsland rechtsvrije ruimten bestaan waarin terroristen ongestoord hun gang kunnen gaan en aanslagen kunnen voorbereiden. Daarom zijn we voorstander van onlineopsporing op een solide rechtsbasis.' (zie http://www.cdu.de/archiv/2370_21759.htm). I.v.m. Merkel en Beckstein vgl. bv. http://www.chip.de/news/CDU-Deutsche-Internet-Politik-ist-nicht-erfolgreich_34145520.html.

90 *die je gewoon moet doen:* in een toespraak i.v.m. het thema 'videobewaking' in de Berlijnse verkiezingsstrijd 2006 op de Kranoldplatz in Berlin-Steglitz (zie http://textundblog.de/?p=1999#footnote_1_1999 vanaf 0:27).

91 *dames en heren:* in dezelfde speech (zie http://textundblog.de/?p=1999 #footnote_1_1999 vanaf 0:36).

91 *noemen de Britten het:* het 'Home Office', dat instaat voor de vervolging van het 'Anti-social behaviour' (ASB) verstaat hieronder o.a. 'nozemachtig gedrag', 'agressief bedelen', het aansteken van vuurwerk laat in de avond en het drinken op straat (zie http://www.homeoffice.gov.uk/anti-social-behaviour/what-is-asb/).

91 *met allerlei groteske middelen:* in de kleine stad Middlesbrough bijvoorbeeld worden sinds 2006 openbare videocamera's gedeeltelijk gecombineerd met luidsprekers, waardoor de zondaars via de controlepost van de politie voor hun 'ASB' worden berispt (zie http://www.tagesschau.de/ausland/meldung25192.html en http://www.heise.de/tp/r4/artikel/23/23571/1.html). Gemeenten passen de antiterreurwetten toe op gevallen van 'ASB'; zo worden in sommige buurten camera's aangebracht om illegale storters op te sporen, of worden speurders ingezet met richtmicrofoons om bewijsmateriaal te hebben voor het verwerken van klachten over te luide kinderen of honden (zie http://euro-police.noblogs.org/post/2008/11/03/vom-allgemeinen-nutzen-der-antiterrorgesetze).

92 *onlineopsporing in de nieuwe Wet op de federale recherche:* bijvoorbeeld de minister van Binnenlandse Zaken van Nordrhein-Westfalen in februari 2008, nadat het Constitutioneel Hof de wet van de deelstaat op onlineopsporing had tegengehouden (zie http://www.ksta.de/html/artikel/1203599318824.shtml), of de woordvoerder voor binnenlandse veiligheid van de Duitse Groenen, Wolfgang Wieland, na het vonnis over de rasteropsporing in mei 2006 (zie http://www.wolfgang-wieland-info.de/userspace/KAND/wwieland/Bundesverfassungsgerichtsurteil-Rasterfahndung.pdf).

93 *om het te redden:* zie http://www.newyorker.com/archive/2006/02/27/060227fa_fact?currentPage=1, p. 5.

93 *dat gebeurde op 13 december 2004:* het gaat om EG-verordening nr. 2252/2004 van de Raad inzake standaarden voor veiligheids- en biome-

trische kenmerken in paspoorten en reisdocumenten van de lidstaten.
93 *Het Europees Parlement wordt daarbij netjes omzeild:* het Europees Parlement heeft weliswaar meegestemd over de verordening in verband met de nieuwe e-paspoorten, maar het kreeg wel een ontwerp voorgelegd waarin de opname van vingerafdrukken in de nieuwe reispassen niet verplicht, maar alleen optioneel was geregeld. Dit zou de nationale wetgevers meer vrijheid hebben gelaten om zelf te beslissen. Uiteindelijk werd toch een verordening uitgevaardigd die de lidstaten dwingt om nieuwe reispassen met vingerafdrukken uit te reiken.
93 *op de Brusselse antiterreuragenda:* voor een overzicht van de EU-maatregelen voor terrorismebestrijding zie http://europa.eu/legislation_summaries/justice_freedom_security/fight_against_terrorism/index_de.htm, http://ec.europa.eu/justice_home/fsj/terrorism/strategies/fsj_terrorism_strategies_political_en.htm en http://ec.europa.eu/justice_home/fsj/terrorism/fsj_terrorism_intro_en.htm. Voorbeelden voor de berichtgeving over het nieuwe antiterreurplan van 2007 zie http://www.heise.de/newsticker/EU-Kommission-skizziert-neuen-Anti-Terrorplan--/meldung/95549 en http://www.zeit.de/news/artikel/2007/09/08/2373336.xml.
94 *richtlijnen van het Europees binnenlands beleid ontwikkelen:* vgl. daarvoor http://www.heise.de/tp/r4/artikel/29/29634/1.html.
94 *de deficits lang niet compenseren:* het Europees Parlement is op EU-vlak niet de wetgever, het vaardigt geen wetten uit, dat doet de ministerraad op voorstel van de Commissie. Het Parlement is een soort Tweede Kamer, de 'burgerkamer', die bij de beslissing over bepaalde wetten alleen gehoord wordt; voor andere wetten moet het zijn goedkeuring verlenen (zie http://www.europarl.europa.eu/parliament/public/staticDisplay.do;jsessionid=CA9A970EAA986FD4916AE20568948F79.node2?id=146&language=nl].
94 *uiterst moeilijk:* de grondrechten zijn op EU-niveau tot dusver uitsluitend ongeschreven voorhanden en niet direct opeisbaar.
94 *EU-beslissingen tot stand komen, sterk ingeperkt:* een tijd geleden heeft het Duitse Constitutioneel Hof in het zogenaamde 'Solange II-besluit' van 22 oktober 1986 en in het 'Maastricht-besluit' van 12 oktober 1993 gesteld:

'Zolang ("Solange") de rechtsbescherming door de organen van de Europese Gemeenschap, in het bijzonder door het Europees Gerechtshof, voldoet aan de maatstaven van de Duitse grondrechten, zodat in de regel geen eigen onderzoek moet worden gevoerd, controleert het federale Constitutioneel Hof op EU-regels gebaseerde Duitse wetten slechts in beperkte mate.'

94 *wat dan een betere oplossing zou kunnen zijn:* de minister van Binnenlandse Zaken tijdens een symposium van zes ministers van Buitenlandse Zaken en de Amerikaanse minister voor Homeland Security in Werder, Brandenburg, op 1 december 2007 (zie http://www.youtube.com/watch?v=hIRFQPjT8Cc).

94 *zonder gerechtelijk bevel:* zie http://www.nytimes.com/2005/12/16/politics/16program.html?_r=1&scp=2&sq=NSA&st=cse, http://www.dradio.de/aktuell/451603/.

94 *het recht van de uitvoerende macht op vertrouwelijkheid:* zie http://www.heise.de/newsticker/US-Repraesentantenhaus-gegen-Straffreiheit-fuer-NSA-Lauschgehilfen--/meldung/99155.

94 *dat ze de verkeerde man hadden gepakt:* zie http://www.tagesschau.de/inland/meldung96378.html.

95 *onmogelijk was vanwege de bescherming van geheime informatie:* zie http://www.sueddeutsche.de/politik/97/420859/text/ en http://www.spiegel.de/politik/ausland/0,1518,510416,00.html.

95 *zegt de minister:* zo bijvoorbeeld tijdens de vijftiende partijbijeenkomst op Driekoningen van de Münchense CSU op 6 januari 2008: 'Alleen de veiligheidsgarantie door de rechtsstaat maakt de vrijheid van de burgers mogelijk (...)'

96 *TOR:* TOR is een gratis beveiligingssoftware om je internetverbindingen anoniem te maken (uitleg in het Nederlands: http://www.torproject.org/).

96 *PGP:* PGP ('Pretty good privacy', redelijk goede privacy) is een bekende coderingsmethode.

TIENDE HOOFDSTUK: VERNIETIG DE VIJAND

97 *psychisch en fysiek worden gefolterd:* zie http://www.guardian.co.uk/world/2007/jan/03/guantanamo.usa.

97 *niet alleen in Guantánamo:* behalve Guantánamo en Bagram (zie hoofdstuk 6) houden de vs in andere interneringskampen en zogenaamde 'black sites', geheime gevangenissen, andere 'terreurverdachten' gevangen.

98 *als tijdens de verkiezingsstrijd:* hoewel Amerika's nieuwe president had aangekondigd dat hij de tijdens de antiterreuroorlog geschonden rechtsstaat wilde herstellen, houdt hij i.v.m. het kamp Bagram in Afghanistan vast aan de Bushdoctrine en weigert hij de gevangenen die daar vastzitten toegang tot het gerecht. De omstandigheden in Bagram moeten niet onderdoen voor die in Guantánamo. In december 2002 stierven in Bagram twee gevangenen door mishandeling. Vgl. *Die Zeit* nr. 10 van 26 februari 2009.

98 *die van de regering Bush:* zie www.nytimes.com/2009/03/14/us/politics/14gitmo.html.

98 *medeplichtig wordt aan massamoord:* dit en andere citaten van Merkel uit het artikel in *Die Zeit* 'Folter als Notwehr' van 6 maart 2008 (zie http://www.zeit.de/2008/11/Folter?page=1).

98 *maar de terrorist zelf:* Merkel: 'Volgens algemene principes van toerekeningsvatbaarheid van handelingen en de gevolgen ervan, wordt de aanvaller zelf verantwoordelijk voor wat noodzakelijk is ter afwending van een onwettige aanval. Wie zich met de bedoeling een moord te plegen op zijn vijand stort en door hem in staat van wettige zelfverdediging wordt gedood, heeft, normatief gesproken, letterlijk zichzelf omgebracht. Dit toerekeningsprincipe geldt echter voor noodweerhandelingen ook dan wanneer ze in het uiterste geval slechts door middel van foltering mogelijk waren.'

99 *in feite als een verstandig wezen wordt 'geëerd':* zie http://www.zeit.de/2008/12/Antwort-Folter?page=1 p. 2.

99 *waterboarding:* zie http://www.spiegel.de/politik/ausland/0,1518,549107,00.html.

100 *buiten het maatschappelijk contract:* zie http://www.glanzundelend.de/glanzneu/depenheuer.htm.

100 *de staat het recht op:* In: *Spiegelungen der Gleichheit* van Christoph Menke, p. 168.

100 *wie over de uitzonderingstoestand beslist:* uit: *Politische Theologie*, deel 1, *Vier Kapitel zur Lehre von der Souveränität*, 1922, p 1.

101 *Hans Frank: Deutsche Richterzeitung*, 1935, p. 313 e.v., 315.

102 *gebruiken uitdrukkelijk het argument uit het noodweerrecht:* ook politici halen er bijvoorbeeld voor de argumentatie van het neerhalen van gekaapte vliegtuigen graag de 'staatsnoodweer' bij, en ze citeren daarbij artikel 35 van de grondwet als hulp in de nood (bijvoorbeeld minister van Buitenlandse Zaken Frank-Walter Steinmeier, zie http://www.tagesspiegel.de/zeitung/Fragen-des-Tages;art693,1894594, of minister van Defensie Franz Josef Jung, zie http://www.focus.de/politik/deutschland/deutschland-ich-wuerde-den-befehl-geben_aid_219935.html). Dit artikel heeft het echter over ambtelijke hulp en legt geen basis voor een 'staatsnoodweer'.

103 *'staatsnoodweer':* hij deed dat in het geschrift 'Der Führer schützt das Recht' (in: *Deutsche Juristenzeitung* 1934), een formeel juridische rechtvaardiging van de moorden (zie http://delete129a.blogsport.de/2007/09/19/aamazone-uebergesetzliche-staatsnotwehr-a-eine-deutsche-tradition/).

103 *en salonfähig gemaakt:* zo verwijst bijvoorbeeld Otto Depenheuer nadrukkelijk naar de ideeën van Carl Schmitt.

103 *'versierselen' te noemen:* dit en de volgende citaten van Otto Depenheuer uit *Selbstbehauptung des Rechtsstaates*, Paderborn 2007, p. 7, 55, 67 e.v., 101, 72, 77, 22.

103 *Vijanden eer je en vernietig je:* uit: Otto Depenheuer, *Selbstbehauptung des Rechtsstaates*, Paderborn 2007, p. 64.

104 *'door de rechtsstaat gedomesticeerde':* uit: Otto Depenheuer, *Selbstbehauptung des Rechtsstaates*, Paderborn 2007, p. 72.

104 *Otto Schily:* Otto Schily in het Duitse parlement (zie http://www.spiegel.de/politik/deutschland/0,1518,381943,00.html).

105 *'de actuele stand van de discussie':* in een gesprek met *Die Zeit* (nr. 30/2007) antwoordde hij op de vraag of de rechtsstaat in de strijd tegen

het terrorisme tot aan zijn grenzen of – zie Guantánamo – zelfs erover moest gaan, op een indirecte manier dat Depenheuers boek *Selbstbehauptung des Rechtsstaates* zijn nachtkastboek is (zie http://www.zeit.de/2007/33/Schaeubles_Nachtlektuere).

106 *zonder veel plichtplegingen worden opgehangen:* zie http://www.amnesty.de/presse/2008/10/13/saudi-arabien-toedliche-diskriminierung en http://www.amnesty.de/files/SaudiArabien1008.pdf.

106 '*kwaad met kwaad moet worden bestreden*': in het Engels: 'Fight fire with fire' (zie http://www.globalpolicy.org/empire/terrorwar/analysis/2004/0725lesserevil.htm).

ELFDE HOOFDSTUK: WAAR IS DAT ALLES GOED VOOR?
OF: VIDEO-OPNAMEN BEVESTIGEN DE REGEL

109 *denktank:* de RAND (*Research And Development*) *Corporation*, die in 1948 werd opgericht en ongeveer 1600 medewerkers telt, is officieel een non-profitorganisatie die 'door onderzoek en analyse politieke strategieën en besluitvormingsprocessen wil verbeteren' en zowel voor de Amerikaanse regering als voor het bedrijfsleven werkt. Vanuit haar geschiedenis (de corporatie ontstond uit het in 1946 als raadgevende denktank voor het Amerikaanse leger opgerichte project RAND) is de link met het leger, de geheime diensten en de wapenindustrie duidelijk.

109 '*Networks and Netwars*': John Arquilla en David F. Ronfeldt, *Networks and Netwars. The Future of Terror, Crime and Militancy*, RAND Corporation, 2001.

110 *sociale bewegingen en illegale downloaders:* zie http://www.rand.org/pubs/monograph_reports/MR1382/MR1382.pref.pdf. Vgl. in dit verband ook de nieuwe studie van het RAND-instituut, http://www.heise.de/newsticker/Von-Filmkopierern-organisiertem-Verbrechen-und-Terroristen--/meldung/134164.

110 *artikel 5 van de Noord-Atlantische Verdragsorganisatie:* zie http://www.welt.de/print-welt/article479260/Nato_ruft_Buendnisfall_aus.html en http://www.spiegel.de/politik/ausland/0,1518,156928,00.html.

110 *a Grand Strategy for an Uncertain World:* de volledige tekst van het do-

cument onder http://www.csis.org/media/csis/events/080110_grand_strategy.pdf.

110 *(dixit de homepage van de NAVO):* vgl. http://www.nato.int/docu/review/2008/05/FS_HUNGRY/EN/index.htm.

110 *asymmetrisch antwoord:* op p. 96 van het strategiedocument: 'Nuclear weapons are the ultimate instrument of an asymmetric response – and at the same time the ultimate tool of escalation. Yet they are also more than an instrument, since they transform the nature of any conflict and widen its scope from the regional to the global. Regrettably, nuclear weapons – and with them the option of first use – are indispensable, since there is simply no realistic prospect of a nuclear-free world. (...) In sum, nuclear weapons remain indispensable, and nuclear escalation continues to remain an element of any modern strategy.'

111 *bijeengefantaseerd over decentralisatie:* zie bv. http://www.tagesspiegel.de/politik/international/Terrorismus-Al-Qaida;art123,2347538, http://www.welt.de/politik/article910322/Rueckzug_aus_Afghanistan_waere_Gesichtsverlust.html en-http://www.zeit.de/2004/38/intern__Terrorismus?page=1 p. 2.

111 *en zelfs het virtueel bestaan:* bijvoorbeeld het rapport van de binnenlandse veiligheidsdienst van 2005: 'Momenteel lijkt Al-Qaida eerder een "virtuele" organisatie, die impulsen geeft aan diegenen die telkens in actie komen, en minder een centraal georganiseerde groepering (zie http://www.bundesregierung.de/Content/DE/PeriodischerBericht/Berichte-der-Bundesregierung/2006/05/Anlagen/2006-05-22-verfassungsschutzbericht-2005,property=publicationFile.pdf, p. 205).

111 *opeens sprake van Al-Qaida 2.0':* begin december 2004 was er bijvoorbeeld in Washington een conferentie over het thema 'Al Qaeda 2.0: Transnational Terrorism after 9/11'; maar ook in de pers werd het thema opgepikt (zie bv. http://www.thewashingtonnote.com/archives/2004/11 (zoek op 'Al Qaeda 2.0')).

111 *allang voet aan de grond gekregen:* zo kopte bijvoorbeeld *Der Spiegel* op 26 maart 2007 'Mekka Duitsland. De stille islamisering'; in het artikel was sprake van de 'sluipende islamisering in randgebieden van de maatschappij' en van 'parallelle werelden midden in Duitse steden' (hoofdartikel 'Hebben we de sharia al?').

112 *gesloten blijven voor vreemde blikken:* zie college over internetrecht van Prof. Thomas Hoeren onder http://www.uni-muenster.de/Jura.itm/hoeren/material/Skript/skript_Januar2006.pdf.

112 *tegen lastige manifestanten worden gericht:* er werden bijvoorbeeld in de dagen voorafgaand aan de G8-top in Heiligendamm talrijke woningen van tegenstanders van de G8 doorzocht en computers in beslag genomen omdat men een 'terroristische vereniging' vermoedde (zie http://www.jura.uni-bielefeld.de/Lehrstuehle/Fisahn/Veroeffentlichungen_Vortraege/2007/Auf%20dem%20Weg%20in%20den%20Sicherheitsstaat%20Was%20Heiligendamm%20uns%20zeigt.pdf) en werd er ook gediscussieerd over preventieve hechtenis van mogelijk gewelddadige betogers. Na de G8-top in Genua in 2001 werden als 'protestdaders' bekende 'verdachte' Duitsers meerdere weken vastgehouden.

112 *Falun Gong:* Falun Gong heeft overal ter wereld leden en heeft een internationaal vertakt net van internetpagina's om de aandacht te vestigen op de vervolging.

113 *op het internet te blokkeren:* zie http://www.golem.de/0709/54680.html.

113 *controle van het internet in te voeren:* de 'black boxes' van de Britten, vgl. hiervoor het tweede hoofdstuk. De gevolgen zijn niet te overzien: zo werden bijvoorbeeld een student en een universiteitsmedewerker gearresteerd nadat ze een extremistisch handboek van Al-Qaida van internet hadden gedownload en uitgeprint. De student schreef gewoon aan een dissertatie over radicale islamitische groepen (zie http://www.timeshighereducation.co.uk/story.asp?sectioncode=26&storycode=402125&c=2).

113 *het sturen van individuele handelingen:* zie https://www.datenschutzzentrum.de/scoring/060404-kreditscoring.htm alinea 2.

113 *berekenen van risicospecifieke bijdragen:* zie http://www.berlinonline.de/berliner-zeitung/archiv/.bin/dump.fcgi/2000/1009/none/0051/index.html.

113 RFID-*chips:* RFID (Radio Frequency Identification, dus identificatie door middel van elektromagnetische golven)-chips maken de automatische identificatie en lokalisering van voorwerpen en levende wezens mogelijk. De chips worden op vele terreinen gebruikt, bijvoorbeeld in Europese e-paspoorten, parfumerieproducten, elektronische ver-

trekblokkeringssystemen van auto's en skipassen (zie Anne-Catherine Simon, Thomas Simon, *Ausgespäht und abgespeichert*, p. 85 e.v.).

113 *klantenprofielen:* zie http://www.lexexakt.de/glossar/kundenprofil.php http://nl.wikipedia.org/wiki/Bonuskaart en http://www.spiegel.de/wirtschaft/0,1518,446407,00.html.

114 *naam en adres alleen zijn 5,50 euro waard:* het bevolkingsbureau van Zwickau wil persoonlijke gegevens van burgers op vraag aan politieke partijen verkopen die ze bijvoorbeeld kunnen gebruiken om verkiezingsreclame te sturen naar kiezers die voor het eerst naar de stembus gaan. De gegevensverkoop wordt juridisch mogelijk gemaakt door 'openingsclausules' in de bevolkingswet van Saksen (zie http://www.freiepresse.de/NACHRICHTEN/REGIONALES/ZWICKAU/ZWICKAU/1434184.html).

114 *misschien wel 349 euro kosten:* zie http://www.topleads.de/preise.php (in Nederland en België liggen de prijzen een stuk lager voorzover ik dat kon achterhalen via internet).

115 *zowel bij Telekom:* in mei 2008 werd bekend dat Telekom medewerkers, vakbondsmandatarissen en journalisten liet controleren om na te gaan wie vertrouwelijke informatie had doorgegeven.

115 *Deutsche Bahn:* in januari 2009 kreeg de Deutsche Bahn kritiek over zich heen omdat het bedrijf met het oog op corruptiebestrijding herhaaldelijk persoonsgebonden gegevens van 173.000 medewerkers had vergeleken met andere databanken en de controle in handen had gegeven van detectivebureaus.

115 *zich van geen kwaad bewust:* Telekom-baas René Obermann liet optekenen dat hij niets af wist van bespionering (zie http://www.tagesschau.de/wirtschaft/telekomaffaere18.html), het voormalig hoofd van het concern Kai-Uwe Ricke wees de beschuldigingen eveneens van de hand (zie http://www.spiegel.de/wirtschaft/0,1518,555904,00.html). Ook het toenmalige hoofd van de Deutsche Bahn Hartmut Mehdorn zei dat hij van niets wist (zie http://www.tagesschau.de/inland/bahn830.html). Uiteindelijk moest hij als gevolg van de zaak zijn functie neerleggen.

116 *per jaar kosten:* Uit: Anne-Catherine Simon, Thomas Simon: *Ausgespäht und abgespeichert*, p. 143.

EPILOOG: ONVRIJE VOORUITZICHTEN

117 CCTV-*camera's gemonteerd:* zie http://www.spiegel.de/netzwelt/tech/ 0,1518,475232,00.html.
117 *voor een nieuwe kroeg verleent):* zie http://www.guardian.co.uk/commentisfree/henryporter/2009/feb/11/police-surveillance-cctv-pubs.
117 *communicatie van haar burgers besloot:* de totale controle moet worden uitgevoerd door middel van zogenaamde 'black boxes', die overal in het datanet worden geïnstalleerd en het e-mailverkeer en surfgedrag bewaren (zie http://www.spiegel.de/netzwelt/web/0,1518,589094,00.html en in het tweede hoofdstuk).
117 *dat moest veranderen:* zie http://www.guardian.co.uk/uk/2009/feb/06/surveillance-freedom-peers.
118 *Aristocracy is making good sense:* zie http://www.reddit.com/r/worldnews/comments/7vhd0/uk_house_of_lords_british_surveillance_greatest/.
118 *in hun verregaande rapport:* Constitution Committee/Second Report: 'Surveillance: Citizens and the State' van 19 november 2008 (zie http://www.publications.parliament.uk/pa/ld200809/ldselect/ldconst/18/18.pdf).
118 *over elke burger moet verschaffen:* vgl. http://www.accountancyage.com/computeractive/news/2236072/lords-committee-releases.
119 RIPA: de wet van juli 2008 regelt de bevoegdheden van staatsinstellingen bij het uitvoeren van controle-, afluister- en opsporingsactiviteiten. Hij maakt bijvoorbeeld de geheime bewaking mogelijk van de communicatie van privépersonen. De wet is erg omstreden omdat men vermoedt dat hij gebruikt wordt voor de vervolging van onschuldige voorvallen.
119 *afval op straat gooien:* zie http://www.heise.de/tp/r4/artikel/29/29057/1.html.
120 *de buren zou kunnen hinderen:* zie http://www.spiegel.de/schulspiegel/ausland/0,1518,576790,00.html.
120 *in een andere dan de hun toegewezen buurt:* zie http://www.dailymail.co.uk/news/article-558632/Council-spies-stalked-family-weeks-check-lived-schools-catchment-area.html.

120 *tegen kleine criminelen:* zie http://www.telegraph.co.uk/news/uknews
/2696031/Anti-terrorism-laws-used-to-spy-onnoisy-children.html.

120 *en verkeersagressie:* zie http://netzpolitik.org/2007/nie-wieder-falsch-parken-null-toleranz-bei-innerer-sicherheit-2/.

120 *in het binnenland worden ingezet:* de coalitie werd het in oktober 2008 eens over een wijziging in de grondwet waardoor het mogelijk werd in uitzonderingsgevallen het leger in het binnenland in te zetten (zie http://www.heise.de/tp/blogs/8/116973). Tijdens de G8-top in Heiligendamm werd het al toegepast: het leger gebruikte zijn manschappen voor 'verdediging' om verslagen van de situatie te maken (zie http://www.jura.uni-bielefeld.de/Lehrstuehle/Fisahn/Veroeffentlichungen_Vortraege/2007/Auf%20dem%20Weg%20in%20den%20Sicherheitsstaat%20Was%20Heiligendamm%20uns%20zeigt.pdf, p. 6).

120 *centraal kunnen worden geregistreerd:* zie http://www.sachsenanhalt.de/LPSA/index.php?id=26547 en http://www.rp-online.de/public/article/beruf/arbeitswelt/466484/Lohnsteuerkarte-wird-abgeschafft.html.

120 *in één bestand samengevoegd:* zie http://www.gemeinsamlernen.de/vile-netzwerk/Regionalgruppen/nord/projekte/koalition/demokratie/orwell.

121 *voortdurend nieuwe maatregelen nodig:* http://www.heise.de/newsticker/Ist-das-heute-die-Geburtsstunde-von-Big-Brother-EU--/meldung/96826.

121 *een 'gezamenlijk concept' te ontwikkelen:* zie http://www.gipfelsoli.org/Gipfelsoli/5535.html over het EU-strategiedocument 'Freedom, Security, Privacy – European Home Affairs in an open world'.

121 *voor 120.000 euro per stuk aankopen:* zie http://futurezone.orf.at/stories/1502463/.

Citaatverantwoording

p. 44 motto Karl Jaspers, *Die Atombombe und die Zukunft des Menschen. Politisches Bewußtsein in unserer Zeit*, Inleiding, aantekening 2, p. 464. © 1957 Piper Verlag GmbH, München. Met vriendelijke toestemming.

p. 97 motto Gerd Roellecke uit: Otto Depenheuer, *Selbstbehauptung des Rechtsstaates*, p. 64. © Verlag Ferdinandt Schöningh GmbH & Co KG, Paderborn 2007. Met vriendelijke toestemming.

Ilija Trojanow bij De Geus

Pelgrimstocht naar Mekka

In *Pelgrimstocht naar Mekka* neemt schrijver Ilija Trojanow vanuit India, waar hij lang woonde, deel aan de hadj. De hadj is een bedevaart van enkele weken naar Mekka, die behoort tot de vijf plichten van de islam. De auteur, zelf geen moslim, heeft zich een jaar lang voorbereid op de hadj, die hij uiteindelijk in de winter van 2003 onderneemt. In zijn pelgrimsboek doet hij op buitengewoon poëtische manier verslag van zijn tocht.

De heilige bron van de islam

Samen met honderdduizenden pelgrims nam Trojanow deel aan de hadj, de grootste geloofsbetuiging van de islam. Tijdens zijn drie weken durende verblijf in Mekka doet hij een eindeloze reeks indrukken op, waardoor hij langzaam maar zeker het wezen van de islam begint te begrijpen.

De wereldverzamelaar

Een meeslepende roman over de excentrieke avonturier Richard Burton die in de negentiende eeuw door Indië, Arabië en Afrika reisde om zich te verdiepen in andere culturen.

Gebruiksaanwijzing voor India

Een verrassende ontdekkingsreis door een land vol tegenstellingen. Met de voor hem typerende ironie slacht Trojanow in dit boek meerdere Heilige Koeien en ontkracht hij bestaande vooroordelen.

De wereld is groot en overal loert redding

Alexandar Luxow wordt geboren in het communistische Bulgarije. Zijn vader Vasko droomt van de vrijheid en een beter leven in het Westen. Hoewel zijn moeder Tatjana liever bij haar familie blijft, gaat ze mee als Vasko in de zomervakantie besluit om heimelijk met zijn gezin te vluchten. Via Italië belandt het jonge gezin uiteindelijk in Duitsland. Het vindt er het betere leven dat het zocht, maar lang duurt het niet. Alex' ouders verongelukken in de eerste fatsoenlijke auto die ze zich kunnen veroorloven. Alex overleeft het ongeluk, maar verandert van een vrolijke, ondernemende jongen in een depressieve, apathische jongeman. Oma Slatka in Bulgarije hoort niets meer van hem en besluit haar wijze en bereisde vriend Bai Dan, koning van het backgammon, eropuit te sturen om Alex te zoeken.

Ilija Trojanow (Bulgarije, 1965) vluchtte met zijn ouders via Joegoslavië en Italië naar Duitsland, waar zij politiek asiel kregen. Zelf woonde hij later in Kenia, Bombay en Kaapstad. Tegenwoordig pendelt hij tussen Zuid-Afrika en Duitsland. Zijn grote literaire succes behaalde hij met *De wereldverzamelaar*. Hij kreeg daarvoor de Preis der Leipziger Buchmesse. Bij De Geus verschenen ook *De wereld is groot en overal loert redding*, *Pelgrimstocht naar Mekka* en *Gebruiksaanwijzing voor India*.

Juli Zeh (Duitsland, 1974) woont en werkt in Leipzig. Haar romandebuut *Adelaars en engelen* is in 28 landen vertaald. Daarna volgden *Speeldrift* en *Vrije val*. Zeh werd bekroond met de Deutsche Bücherpreis, de Per Olov Enquistprijs en de Solothurner Literaturpreis.

De pers over *Aanslag op de vrijheid*:

'Een sympathiek boek. (…) De schrijvers zijn op hun best als ze de vrijheid van het individu verdedigen.'
– *NRC Handelsblad*

'Een provocatief pamflet waarin Trojanow en Zeh oproepen de uitverkoop van privégegevens de oorlog te verklaren.'
– *Die Tageszeitung*

'Een politieke waarschuwing en wake-upcall.'
– *Neue Zürcher Zeitung*